普通の人が
資産運用で
99点をとる
方法と
その考え方

Hayato Ito

日経BP

はじめに

誰もが実践できる
99点の資産運用法は、
なぜ、どのように生まれたのか

　本書は、ソフトウェアエンジニアである私が2020年1月にGitHub（プログラムコードや文書を共同で開発・共有・公開できるプラットフォーム）のサイトで公開した同名の記事がもとになっています。当時ひっそりと公開したにもかかわらず、記事はSNS等で話題になり、瞬く間に100万PVを達成しました。さらに、「はてなブックマーク」では、同年、最もブックマークされた記事となりました。この反響には私も驚きました。

　資産運用に関してはこれまでも多くの記事が書かれていたはずです。書籍をはじめ、SNSやYouTubeでは、今も多くの人が投資について語っています。それにもかかわらず、私の書いた「普通の人が資産運用で99点をとる方法とその考え方」はどうしてこれほど話題になったのでしょうか？

執筆のきっかけ

　「資産運用の方法」というのは「自転車の乗り方」に似ています。初めて自転車に乗るときは誰でも緊張しますが、一度乗り方を覚えてしまえば、一生ものです。私にとって資産運用の方法も同じでした。最初はドキドキするかもしれま

せんが、正しい情報源で基本を学べば、それは一生もので
す。その後は、気にしなくて済むようになります。

　ある日、知り合いと資産運用の話題になり、資産運用の
方法を知りたいと頼まれました。私は過去に勉強した知識を
もとに信頼できる日本語の記事をネットで探して紹介しよ
うとしましたが、安心してオススメできる記事は見つかりま
せんでした。見つかる記事の多くは、個人の直感や思い込
みにもとづいており、誤解を招きやすく、具体性や再現性に
乏しいものでした。探し疲れた私は、これなら自分で書いた
ほうが早いと思い、必要な情報をまとめ、ここだけ見れば
他は見なくて大丈夫と言える記事を目指して GitHub で公開
することに決めました。

　「普通の人が資産運用で 99 点をとる方法とその考え方」
では、これまでの資産運用に関する誤った常識や慣習の間
違いを指摘するとともに、忖度なしに事実と正しい知識を
伝え、理論に基づいた資産運用の考え方を広めることに努
めました。さまざまな事情から、これは金融業界や証券会
社の関係者には難しいでしょう。私がこれらの業界や関係
者とはまったく縁のない人間であったことが功を奏したのか
もしれません。

本書の特徴

　本書の内容は実践的です。事実や理論が大事であるのは
もちろんですが、それと同じくらいに大事なのは現実的で簡
単に実践できる資産運用の方法です。本書に登場する 99 点
をとる方法は具体的であり、誰もが実践できます。実践を
するだけなら、難しい勉強をする必要はありません。

　本書には数年で内容が古くなるような説明は登場しませ
ん。例えば、特定の銘柄の過去の成績のグラフや注目の銘

柄の紹介はしていません。今後、10年、20年、さらに50年にわたって内容を大幅に変更する必要がないように、普遍的で本質的な資産運用の方法と考え方を紹介しています。たとえ一部の制度、例えばNISAの制度が将来変わっても、本書の内容を理解していれば、読者は自分で99点の資産運用を続けることができるでしょう。

　本書で紹介する方法は、読者の年齢や資産額等は一切問いません。資産運用をするとしないとでは、生涯に使用できるお金が何倍にも変わりえます。そして、何事もそうですが資産運用を始めるのに遅すぎることはありません。

　ただし、資産運用を始めることは大事ですが、それに時間を使う必要はありません。資産運用の方法を学ぶのは、始めるときだけです。本書の方法を一度学び理解すれば、その後、資産運用に費やす時間は1年に30分程度で済むでしょう。

　本書のもとになった記事は、先ほど述べたGitHubと呼ばれるオープンなプラットフォーム上で公開されており、誰でも記事の内容についてフィードバックを送ることができます。これまでにも多くの人々がその内容をチェックし、寄せられたフィードバックをもとに改善を加えてきました。記事は今も多くの方に読まれており、通算300万PVとなっています。この場を借りて、記事の改善に協力してくれた方に心から感謝いたします。

　最後にお約束ですが「投資は自己責任」です。本書は資産運用の方法とその考え方を体系的にまとめたものであり、投資行動の指針となることを目的としています。しかしながら、実際の投資行動の成否は、個々の読者の皆さんの判断と責任において行われるものであることをご理解くださると

幸いです。

　本書が資産運用の正しい方法と考え方を広める一助となることを願っています。

Hayato Ito
August, 2024

目 contents 次

はじめに 誰もが実践できる
99点の資産運用法は、
なぜ、どのように生まれたのか……3
- こんな人におすすめします
- この本の構成について

第1部 結論編……19

20 結論を最初に教えてください。
何をしたらよいでしょうか？
- NISAの枠

23 してはいけないことは何でしょうか？

25 iDeCo、NISA、特定口座のうち
どれを優先すべきですか？
- iDeCoのメリット、デメリット

27 資産のうちどれだけの割合をiDeCo、
NISAなどに回せばよいのでしょうか？
[column] リスク許容度とは何か……28
- 資産配分の具体例
- [考え方のコツ] 資産運用のハードルを下げる
[column] 資産運用は節約ではない……33

34 資産運用の具体的な実践例を教えてください

- 例 Aさんの場合
- 例 Bさんの場合
- 例 Cさんの場合

39 やるべきことはそれだけでいいのですか？
一度設定したら、何もしなくてよいのでしょうか？

第2部 理論 編 ……41

42 資産運用で大事なのは
「余計なことをしない」こと

44 インデックスファンドが
強い理由を教えてください

46 インデックスファンドの中でも
市場平均が最強なのはどうしてですか？

[column] 複雑さを避けシンプルに（KISSの原則）……47

48 株には買い時があるのですか？
- マーケットタイミングはありません
- ランダムウォークとは？

[column] 市場は完全に効率的？……50
- 市場は完全ではないが、個人投資家が勝つのは難しい
- 非効率性の影響はごくわずか
- 金融理論は完璧ではないが十分実用的

51 リスクって何ですか？
- リスクと投資結果の関係
- リスクを理解して不確実性に向き合う
- リスクの定義

[column] 標準偏差とは……54
- 標準偏差の例
- 本書におけるリスクの使用方法

- リスクと株価変動を混同しない
- 異なる意味で使用されるリスクの例

58 長期投資するのであれば結果は安定するのだから リスクは気にしなくてよいのでは？ リターンだけ追求すればよいのでは？

- 誤解を生むリスクの説明
- リターンの中央値
- リスクが将来のリターンに及ぼす影響
- グラフの見方
- 評価額の分布グラフの比較
- パーセンタイルで見るリスクの影響
- パーセンタイル値の比較
- リスクが大きくなると、
  期待リターンを下回る確率が高くなる
- 資産運用で重要なのはリターンの中央値

[column] あてにならない平均値……70

71 長期投資ではリスクは減るって聞きました。 本当ですか？

- 長期投資でリスクは減らせるという誤解
- 長期投資すると「1年あたりのリスクは減る」の誤解
- 年平均リターンのブレとの誤解

74 でも長期投資すると 元本割れリスクは減りますよね？

- 元本割れする確率を減らすには

[column] 減らせるリスクと減らせないリスク……76

- ・リスクをとらなければリターンは得られないの誤解

77 インデックスファンドは 海外の株式に投資していますが、 為替リスクはどうなんでしょうか？

- 為替リスクとは
- 為替リスクの影響はどれくらい？

［column］為替リスクとの向き合い方……79
・為替予想に振り回されない

80 **本書の99点ってどういう意味でしょうか？**

［column］過去リターンと期待リターン……81

第3部 Q&A編 —余計なことをしないために—……83

84 **それでも悩んでしまうあなたへ**

85 **私はインデックスよりも大きなリターンがほしいから 個別株にも手を出しています。いけないでしょうか？**

- 個別株で大きくなるのはリスクであり、リターンではない
- 資産配分の最適化

88 **若いうちはリスクがとれるので 個別株のほうがいいのではないですか？**

- リスクの調整は、リスク資産の割合で行う

90 **米国株（S&P500など）と全世界株式、 どちらのインデックスファンドがよいのでしょうか？**

- 世界の広さ：全世界株式＞S&P500
- コストの優秀さ：S&P500＞全世界株式
- どちらも一長一短

92 **私はどちらにするか選べません。 どっちも半分ずつ持つのはありでしょうか？**

- 資産配分はリバランスが前提
- 過去リターンにとらわれない

94 **リスク資産として株式だけでなく 「債券」も入れたほうがよいと言われたのですが？**

[column] リスク分散の誤解と投資効率の重要性……95
・分散の目的は投資効率の向上

「今は高値だから現金を貯めておいて暴落時に買おう」のほうがよくないですか？
97
●その方法はすでに誰かが試している

具体例（P34）では資産の50%を一括でリスク資産に投資していましたが、少しずつ分割して投資したほうがよいのでは？
100
●ドルコスト平均法の呪い
●ドルコスト平均法は資産配分を歪める要因
●ドルコスト平均法はマーケットタイミングを計る方法

ドルコスト平均法は時間分散だからよい方法だと聞きました！
104
●時間分散は投資効率を向上させない
●「市場に投入する資金 × 年数」の掛け算が重要
●一括投資とドルコスト平均法の公平な比較
●ドルコスト平均法に特別な効果は何もない

ドルコスト平均法はだめなんでしょうか？私は給料の中から毎月３万円積立しているのですが
109
●自信をもって積立を続けましょう
[column] ドルコスト平均法という用語……110

ドルコスト平均法なら「株価が安いときに多く」株数を購入することができます。これってよいことでは？
111
●口数・株数のトリックに騙されない

出口戦略／いつ売却すればよいのでしょうか？いつ売却や利益確定すればよいのかわかりません
113
●資産運用に出口はありません
●売却をもっと簡単に

116 NISAと特定口座、どちらから売却したほうがよい？

117 レバレッジ型商品はどうでしょうか？！
- レバレッジ型商品とは
- レバレッジ型商品が必要になるとき
- レバレッジのコスト
- レバレッジはリボ払い？

120 レバレッジのリスクが高いのは理解していますが
私は耐える自信があります！
「リスク許容度」は高いので、
レバレッジをかけてもいいですか？
- リターンはリスクに比例しない

[column] 過去の成績がよかったサイコロに
レバレッジをかける危険性……123

124 私はインデックス投資で資産を増やし
リタイア後には高配当株に乗り換えて
配当金生活を送る予定です。
この戦略はどうでしょうか？

125 それでも配当がもらえるって
嬉しいじゃないですか！
- 配当が投資効率に与える悪影響

128 その他のよくある質問について
- 積立は毎日と毎月どちらがよいですか？
- 毎月の積立は、いつがいいですか？
  他の人と同じ日は避けたほうがいいですか？
- NISAは年初にまとめて投資するべきですか、
  それとも毎月積立がいいですか？
- 同じような投資信託を複数持っているより、
  まとめて一つの商品に変えたほうが複利効果が
  分散されずよいと思うのですが、どうでしょうか？

- 含み益は利益を確定して、再投資しないと、複利にならないと聞きました
- 含み益は幻なので、利益は定期的に確定したほうがよいのでは？
- 含み損は幻なので、含み損がなくなるまで売却しないほうがよいのでは？
- 〇〇も長期投資ではなく短期投資なら問題ないのでは？
- インデックスファンドの価格がゼロになることはないのでしょうか？
- オルカン等の全世界株式ポートフォリオは米国株が約6割を占めています。分散されていないように思うのですが？
- 資産運用ってもっと一攫千金の夢があるものだと思っていました！
- SNS等では「インデックス投資は思考停止。成長しない。毎日、投資に真剣に向き合うべき」という声があります！

最後に……134

99点の方法を実践するための20箇条……136

巻末付録……140

こんな人におすすめします

　この本では、「資産運用で 99 点をとる方法とその考え方」をお伝えします。
　以下のような「普通の人」におすすめします。

- 資産運用は趣味ではない。あくまでも資産形成の手段の一つである。
- 資産運用を始めてみたいが、何をしてよいのかわからない。
- 資産運用に毎日時間を費やしているものの、結果がともなっていない。
- 投資でひどい目にあった。今度はきちんとした方法を学びたい。
- 今のところ資産は、すべて銀行の普通口座や定期預金に置いている。このまま現金で置いておくのも、何か損しているみたいでモヤモヤする。だけど難しいことは勉強したくないし、時間も使いたくない。

　もしあなたがこれら「普通の人」に当てはまるのであれば、本書はきっと役に立つものとなるでしょう。

一方、以下のような人には本書は向いていないかもしれません。

● 趣味は投資。毎日株価のチャートを見ないと心が落ち着かない。
● 投資は私の自己表現。正しい方法よりも自分らしさを大事にしたい。
● 1円たりとも投資で損はしたくない。

上記のような方にも、本書が新しい視点を得るきっかけになれば幸いです。

この本の構成について

本書は、資産運用で「やるべきこと」を述べる第1部と、なぜそれだけで99点を達成できるのかを説明する第2部、そしてよくある疑問や不安に答える第3部から構成されています。

第1部の「結論編」では、資産運用で99点を達成するための具体的な方法を示します。「結論編」の内容を実践する

だけで、資産運用において 99 点を達成できます。

　第 2 部の「理論編」では、「結論編」で述べた方法の裏付けとなる理論や考え方を説明します。ここでは、投資に用いられる金融工学のエッセンスを取り上げています。金融工学というと難しく感じるかもしれませんが、個人の資産運用に関わる重要なポイントだけを取り上げているので、安心してください。

　この「理論編」を "勉強" する必要はありません。「結論編」を実践するだけで十分です。しかし、資産運用において重要なのは、最初に決めた運用方針を貫くことです。別の言い方をすれば、余計なことをしないことが大切です。「理論編」は、運用方針を継続するための支えとなる知識を身につけるため、そして、なぜ余計なことをしないほうがいいのかを説明しています。理論を知ることによって、ネット上にある不確かな情報に惑わされることもなくなるでしょう。

　第 3 部の「Q&A 編」では私のサイトに寄せられた質問をもとに、資産運用に関するよくある疑問や不安に答えます。

**それでは、次のページから
資産運用の具体的な方法に
ついて述べていきます。**

第 1 部

結 論

編

第 1 部 | 結 論 編

結論を最初に教えてください。
何をしたらよいでしょうか?

　資産運用で必要なことは、以下のことだけです。これだけで投資効率（シャープレシオ／P28）が99点になります。

❶ iDeCo（または企業型DC）を始めます。
❷ NISAで積立の設定をします。
❸ さらに余裕がある方は、特定口座で積立の設定をします。
❹ 資産運用を始めた直後や、まとまった資金を一時的に受け取ったときなど、十分な余剰資金（現金）を持っているのであれば、自分のリスク許容度の範囲内で、適切な割合の資産を一括で投資します。
　詳しくは後述の「資産配分（アセットアロケーション P27）」を参照してください。
❺ 定期的に（年に1回、あるいは数年に1回）、資産配分について見直しましょう。

　❶、❷、❸は一度設定するだけです。❹は資産運用を始めるとき、あるいは、まとまった資金を贈与されたときなど一時的に行うものです。
　この方針をちゃんと守っていれば、資産運用にかかる時間は、1年に30分ほどのはずです。

❶、**❷**、**❸**、**❹**について、購入するべきものはすべて同じものでかまいません。以下の条件を満たすものにしましょう。

● 手数料や信託報酬などのコストが安いもの
● 時価総額加重平均＊を採用したインデックスファンド
　（S&P500、全米、全世界株式など）

＊時価総額加重平均とは、構成銘柄の株価の単純な平均ではなく、時価総額（現在の株価×発行株式数で表す、その企業の現時点での規模や価値の指標）に応じて重みを変化させた平均のこと。市場の実態をより正確に表現できるといわれていて、多くのインデックスファンドで採用されています。

　これらの条件を満たすものは例えば、以下のものが挙げられます。

● eMAXIS Slim 全世界株式オール・カントリー（通称：オルカン）
● eMAXIS Slim 米国株式（S&P500）
● SBI・V・S&P500 インデックスファンド

　これらはネット証券（SBI証券、楽天証券など）で購入することができます。具体的な手順、例えば証券会社での口座開設や設定方法などは、証券会社のサイトなどでご自身で調べることができますので、本書では説明しません。

やるべきことは、これですべてです。

NISAの枠

　NISAは「つみたて投資枠（年間の上限は120万円）」と
「成長投資枠（年間の上限は240万円）」に分かれています。
ただし、"つみたて"と"成長"という名前の違いに惑わさ
れて、それぞれ別の商品を買う必要はありません。買うのは
インデックスファンド一択です。

　本書では、両者を特に区別せずに「NISA」とし、「つみた
て投資枠」と「成長投資枠」をあわせて、年間の上限枠が
360万円である非課税枠として扱います。

　iDeCo、NISAの基本的な制度についての説明は以下のキ
ーワードにしていますので、どのようなものかわからないと
いう方は見てみてください。

keyword

NISA

少額投資非課税制度。投資で得られた利益にかかる通常約2割の税金を
支払わなくていい税制上のメリットがある。非課税枠は1,800万円、年間
の上限枠はつみたて投資枠と成長投資枠をあわせて360万円となってい
る。非課税の期間は無期限。日本国内に住んでいる18歳以上の人は
NISAが利用可能。口座は1人につき1口座のみ開設可能。金融機関の変
更は、年単位で可能。

iDeCo

個人型確定拠出年金。自分が拠出した掛金を運用し、資産形成する年金
制度のこと。掛金、運用益、給付を受け取るときに、税制上優遇されるメ
リットがある。基本的には、老後の資産形成を目的としているため、資産
を引き出すにはいくつかの条件があり、2024年現在、原則60歳から可
能となる。加入年齢にも制限があり、現在、原則65歳未満までとなって
いる。確定拠出年金には二つのタイプがあり、iDeCoは個人が掛金を拠
出するタイプ。事業主が掛金を拠出するタイプは企業型DCと呼ばれる。

第1部 | 結論編

してはいけないことは
何でしょうか?

　資産運用において大事なのは「余計なことをしない」ということです。例えば、以下のことはしてはいけません。

「マーケットタイミング」を計る

● 「今の株価は高値だから、現金をためておこう。暴落したら一挙に購入しよう」
● 「暴落の噂があるから今のうちに売却して利益確定しておこう」

時価総額加重平均でない
インデックスファンドや個別株を購入する

● 「今勢いのあるA社の株を買おう」
● 「窓口でおすすめされたアクティブファンドを買ってみよう」
● 「高配当株を購入しよう」
● 「SNSで話題になっていた株を買ってみよう」

　これらはすべて投資効率を低下させます。このようなことをすると、99点から点数がどんどん下がっていきます。
　そもそもこれらは「選択・判断」しないといけないため、自分の時間がとられてしまいます。

23

目安としては、もし、あなたが、

- 1年に30分以上資産運用に時間を使っている
- 1年に1回以上最初の方針にはなかった「投資判断」を行っている

　……のであれば、それは最初の方針を曲げてしまっている、間違った方向に進んでいる証拠です。

　資産運用が趣味の人はこれらのことをついやってしまう機会が多いかもしれませんが、われわれ「普通の人」にとっては、資産運用は趣味でもエンタメでもありません。そのことが逆に、アドバンテージになります。

　やるべきことは、マーケットタイミングを計ることなく、時価総額加重平均のインデックスファンドへの投資一択です。

第1部 | 結論編

iDeCo、NISA、特定口座のうち どれを優先すべきですか?

　優先順位は iDeCo、NISA、特定口座の順番です。それぞれの「お得度」を数字で表現すると以下のようになります。

枠	お得度
1. iDeCo （上限あり：自営業者であれば月額68,000円、会社員であれば23,000円など、本人の就業形態などによって上限が変わる）	**140**
2. NISA（上限：毎年360万円、合計1,800万円）	**120**
3. 特定口座	**100**

　お得度の高いものから、順番に上限を使いきるようにしましょう。本書の巻末付録①に「お得度」の計算例をつけておきました。興味のある方はご覧ください。

iDeCoのメリット、デメリット

　iDeCoの注意点としては「資金拘束」、すなわち原則60歳になるまで資金を引き出すことができないという制限があることです。iDeCoについては、この条件を考慮したうえで、無理のない範囲で拠出しましょう。

　iDeCoのお得度はさまざまな条件によって異なります。ここではあまり細かいことは述べませんが、iDeCoの最大のメリットは所得控除です。年間の拠出額が所得控除となり、税金が軽減されます。その分、現在の手元で運用できる資

金を増やすことができます。増えた資産運用額がさらに複利*を生み出します。運用期間や種々の条件にもよりますが、この効果は一般的にはNISAの非課税効果（利益の20％）よりも大きいです。

　iDeCoは受取時に税金がかかりますが、ほとんどのケースで退職金控除のため支払う税金が安くなります。仮に支払う税金額が、iDeCoを利用する場合としない場合で同じだとしても、iDeCoを利用した場合は課税が繰り延べされた税金の分を運用資金に回せる、すわなち課税の繰り延べ効果がありお得です。

＊複利とは、運用で得た利益がさらに利益を生むこと。必ずしも単調に資産額が増加するわけではありませんが、運用期間が長くなればなるほど指数関数的に利益が増加します。なお利益を確定して再投資しないと複利にならないというのはよくある勘違いであり、分配金の出ない投資信託の場合は、何もしなくても複利効果があります。

第1部｜結論編

資産のうちどれだけの割合を
iDeCo、NISAなどに
回せばよいのでしょうか？

　資産運用を始める際、資産をどれだけ投資に回せばよい
のか、悩む方も多いのではないでしょうか。

　現金を含めた総資産をどの資産（アセット）にどれだけ
配分（アロケーション）するか、ということを資産配分（ア
セットアロケーション）といいます。資産配分は資産運用
で最も重要です。

　資産の種類は、大きく分けて2種類、リスク資産と無リス
ク資産があります。

　iDeCo や NISA で購入する株式や投資信託のように、将来
の投資収益いわゆるリターンが確定しておらず、元本が保
証されていないものを「リスク資産」と呼びます。一方、現
金や定期預金のように元本が保証されているものを「無リ
スク資産（安全資産）」と呼びます。資産配分を決めるに
は、次の2段階のプロセスで行います。

プロセス 1
投資効率＊（シャープレシオ）の最もよいリスク資産を選択
する。

プロセス 2
個人のリスク許容度（あるいはリスク選好）に応じて、安全
資産である現金と **プロセス 1** で選んだリスク資産の割合を
決定する。

27

「何をしたらよいか（P20）」で述べた通り、 プロセス 1 については悩む必要はありません。選択するリスク資産は時価総額加重平均に基づくインデックスファンド一択です。インデックスファンドによって多少のコスト差はありますが、誤差の範囲内といってよいでしょう。資産額、年齢、運用期間、リスク許容度といった個人の属性によって購入する商品の種類を変える必要はありません。

　個人によって変わるのは プロセス 2 の部分です。「リスク資産をどれだけ買うか」です。

＊投資効率（シャープレシオ）とは、異なる投資対象を比較する際に、同じリスク水準においてどちらのリターンが優れているかを評価する指標。リターン÷リスクで求められる。本書では、個々の投資商品に対してのみでなく、個人の資産の全体に対しても投資効率を用いて評価します。

---

column

リスク許容度とは何か

　リスク許容度とは、投資においてどの程度の損失を受け入れられるかという度合いのことです。例えば、現在の資産が1,000万円で、1年後にどうしても900万円が必要になるという場合、1,000万円のうちの50％である500万円を投資に回すのは、明らかにリスク許容度を超えています。なぜなら、株価が20％以上下落して100万円以上の損失が出る可能性は十分にあるからです。

　自分のリスク許容度を理解して、自分に合った資産配分を決定することが、資産運用では最も重要です。ライフイベントや経済状況の変化があった場合は、リスク許容度を見直し、資産配分を必要に応じて調整しましょう。

第1部 | 結論編

資産配分の具体例

　では、リスク資産をどれくらい買えばよいのか、具体例を見てみましょう。

　資産の合計が1,000万円だとした場合、リスク許容度に応じた資産配分の目安は以下のようになります。この中でどれが正しいというわけではありません。例を参考に、自分にあった資産配分にしましょう。ここでは仮に、リスク資産のリターンを5％、リスクを10％としました。現金のリターンは0％としています。

リスク許容度	現金：リスク資産の割合	現金	リスク資産 (iDeCo + NISA + 特定口座)	全体のリターン	全体のリスク	投資効率 (リターン÷リスク)
資産が50％減る (＝500万円になる) ことを許容できる	0:100	0万円	1,000万円	5%	10%	0.5
資産が25％減る (＝750万円になる) ことを許容できる	50:50	500万円	500万円	2.5%	5%	0.5
資産が10％減る (＝900万円になる) ことを許容できる	80:20	800万円	200万円	1%	2%	0.5
1円たりとも損するのは絶対に許せない	100:0	1,000万円	0万円	(ほぼ)0%	0%	―

29

前ページの表の説明をすると、ここでのリスク資産とは、iDeCo ＋ NISA ＋ 特定口座の合計です。

　リスク資産の最大損失額として、ここでは－50％と仮定しています。これは相当、悲観的な見積もりです。一般にはもう少し楽観的な数字、－33％あるいはリスクの3倍程度を想定しますが、資産配分を組むのに慣れるまでは、－50％つまりリスク資産がおよそ半分になる可能性があると考えておけば安心でしょう。ただし、必要以上に保守的になる必要はありません。

　リスクについては第2部の「理論編」で詳しく説明しますが、簡単に言うと「リターンの不確実性」を指します。リスクが大きくなると、それだけ大きな損失が発生する可能性も高まります。初めて聞く方には難しく感じるかもしれませんが、第2部で詳しく解説しますのでご安心ください。

　資産配分によって資産全体のリターンとリスクが決まります。リスク資産の割合を大きくすれば、その分、リターンも大きくなります。ただし、リスクのとりすぎには注意しましょう。自分がどれくらいのリスク許容度なのかということを見定めて、資産配分を考えるようにしましょう。

　現金とリスク資産の比率をいくつにしようと、資産全体の投資効率は、リスク資産の投資効率と同じになります（ただし、現金100％の資産配分は投資効率を計算できないので除きます）。

　例の場合は、どの資産配分も全体の投資効率は0.5です。投資効率の観点では、どの資産配分も正解です。

［考え方のコツ］資産運用のハードルを下げる

　多くの人は資産運用や投資に対して「専門的な知識が必

要そう」「時間がとられそう」「毎日株価のことばかり考えてそう」というイメージをこれまで持っていたのではないでしょうか。このようなイメージは今日から忘れましょう。

資産運用はシンプルです。<u>資産運用とは結局のところ「現金とリスク資産の比率を適切な値に調整すること」に集約</u>されます。現金とリスク資産の比率を調整するこのようなスライダーバーに例えるとわかりやすいでしょう。

現金の割合は安全度の高さを表しています。スライダーバーを右に調整すると、資産全体はより安全（ローリスク・ローリターン）になります。逆にスライダーバーを左に調整すると、安全度が減り、よりハイリスク・ハイリターンな資産配分になります。資産運用を始める前は、スライダーバーが一番右にある状態です。

「スライダーバーを調整するだけ」と考えると、資産運用のハードルは低くなるでしょう。資産運用を始めるときに適切な割合を一括で投資するのも、毎月の積立を設定するのも、すべてはこの現金とリスク資産の比率を適切な値に保つための手段です。

現金とリスク資産の比率は、給与や贈与、住居などの高価な買い物などによって、時間の経過とともにいつのまにか大きくずれ、リスク資産よりも現金の割合が大きくなっている、あるいは逆にリスク資産の割合が大きくなっていることがあります。

そのときはスライダーバーを調整しましょう。資産配分が50：50の方は、ちょうどバーが中央にくるようにするという具合です。1年に一度くらいは比率をチェックして、も

し適切な値から大きくずれていた場合は調整しましょう。

　資産運用とは、いわばスライダーバーを調整して、適切な割合のリスク資産を常に保有するということにつきるのです。

第1部 | 結論編

column

資産運用は節約ではない

インデックスファンドは流動性が高いリスク資産です。途中で引き出すことができないiDeCoを除いて、いつでも気軽に売却して現金に変えることができます。ライフイベントや予定外の出費が重なり、予想以上に現金が必要になった場合は、リスク資産の一部を売却しましょう。そのための資産運用です。資産運用は節約が目的ではありません。

リスク資産にフルインベストメント（資産を限度いっぱいまで投資すること）している場合でも、現金が必要になったときは、必要な分だけリスク資産を売却すればよいのです。

資産運用については「長期運用しないと意味がない」「絶対に途中で売ってはいけない」という意見をよく見かけますが、そのような縛りはありません。現金とリスク資産の間にそのような心理的な大きな壁を設けるのは、むしろ資産運用にとってマイナスです。

資産運用とは、資産のうち「適切な割合」を常にリスク資産にしておくことであり、一度買ったら売却しないでずっと持っておくということではありません。資産運用の目的は、40年後に使えるお金をためることだけでなく、1年後、2年後、3年後といった将来のあらゆる時点で使えるお金を願わくば少しでも増やしておくことです。

資産運用の具体的な実践例を教えてください

それでは、これまでの説明を踏まえて、Aさん、Bさん、Cさんの3人の資産運用の実践例を見てみましょう。それぞれのリスク許容度にあった資産配分を実現するためにするべきことは、適切な一括投資と積立の設定です。

例 Aさんの場合

> 社会人8年目、会社員
> 銀行口座に400万円の資産

Aさんは社会人8年目です。これまで資産運用の経験はありません。現在、銀行口座に400万円の資産があります。スライダーバーだと、以下のようになります。

Step 1 　適切な一括投資

Aさんは、リスク許容度を考えた時に、資産のうち4分の1（100万円）が減っても許容できるとして、資産配分を「現金：リスク資産＝50：50」にすると決めました。Aさんは400万円のうち200万円を一括でNISAの枠に投資しました。

適切な一括投資の結果、資産配分は「現金：リスク資産＝50：50」になりました。

この資産配分を保つために、次は積立の設定をします。

Step 2　積立の設定

Aさんの手取りは月40万円です。生活費に24万円を使い、これまでは残りの16万円を貯金していましたが、そのうち8万円（50％）を資産運用に回すことにしました。

Aさんは8万円のうち、毎月iDeCoに上限額である23,000円を、NISAに残りの57,000円を積み立てることにしました。

Step1で一括投資した200万円分とあわせても、年間の合計は200万円＋5.7万円×12＝約268万円で、NISAの年間枠の上限360万円に収まります。

Aさんがやるべきことはこれで終了です。

あとは、定期的に資産配分を見直すだけです。

例 Bさんの場合

> 社会人2年目、会社員
> 銀行口座に100万円の資産

　Bさんは社会人2年目で、これまで資産運用の経験はありません。現在、銀行口座に100万円の資産があります。

現金　100万円　　　リスク資産　0

Step 1　適切な一括投資

　Bさんは、資産のうち50%（50万円）が減っても許容できると考え、資産配分は「現金：リスク資産＝0：100」にすると決めました。最低限残しておく現金を除いて、ほぼすべてを一括でNISAの枠に投資しました。

現金　0　　　リスク資産　100万円

Step 2　積立の設定

　Bさんの手取りは月20万円で、生活費に15万円を使い、毎月5万円を貯金しています。この5万円のうち、iDeCoに上限額である23,000円、NISAに残りの27,000円を積み立てることにしました。

　Bさんがやるべきことはこれで終了です。
　あとは、定期的に資産配分を見直すだけです。

例 Cさんの場合

> 年金で生活
> 銀行口座に1,500万円の資産

　Cさんはリタイア後、年金で生活しています。現在、銀行口座に1,500万円の資産があります。今まで投資とは縁のなかったCさんですが、将来の生活にやや不安を感じており、NISAをきっかけに投資に興味を持ちました。Cさんは将来のインフレに備えるためにも投資を始めることにしました。

現金 1,500万円　　　リスク資産 0

Step 1　適切な一括投資

　Cさんは年齢的にiDeCoはできませんので、NISAを始めました。

　年金を受給しているので、資産のうち、50%にあたる750万円を投資に回しても生活に支障はないと判断しました。750万円のうち、NISA枠の年間の上限である360万円はNISAで、残りの390万円は特定口座で運用することにしました。翌年以降、特定口座の運用資金はNISA枠に移していく予定です。

現金 750万円　　　リスク資産 750万円

Step 2　積立の設定

　Cさんは毎月の年金をほぼ使いきるため、積立の設定はしませんでした。

　Cさんがやるべきことはこれで終了です。翌年以降もNISA枠を最優先で使用し、いずれ特定口座を使わずにリスク資産はすべてNISAで運用することになるでしょう。

　Cさんのようなケースに対しては「投資を始めるには遅すぎる」「もう手遅れだ」と思われる方もいるでしょう。しかし、資産運用を始めるのに遅すぎることはありません。資産運用の期間は長いほうがよいですが、「40年運用しないと意味がない」というわけではありません。何もしないよりは1年運用したほうがよい、1年よりは2年のほうがよい、2年よりは3年のほうがよいというだけの話です。現在の年齢や資産額を気にする必要はありません。今一歩踏み出すことが、将来への大きな一歩となります。

第 1 部 | 結 論 編

やるべきことはそれだけで いいのですか? 一度設定したら、何もしなくて よいのでしょうか?

はい。一度資産配分を決定し、インデックスファンドに投資したあとは、基本的にほったらかしましょう。定期的に、またはライフイベントがあったときに、積立額や資産配分を見直す程度で大丈夫です。それ以外のことはする必要はありません。

これで「結論編」は終了です。

これまで説明した方法を実践できる、またはすでに実践しているという方にとっては、本書のこれ以降の内容は必要ないかもしれません。

第 2 部の「理論編」では、「結論編」で紹介した方法がなぜ 99 点と言えるのか、その理由を詳しく説明します。資産運用の理論と考え方を理解することで、自信をもって 99 点の方法を継続できるでしょう。それぞれの興味や必要性に合わせてお読みください。

理論編

第2部 | 理論編

資産運用で大事なのは
「余計なことをしない」こと

　第1部の「結論編」で紹介した「やるべきこと」を実践するのは簡単そうに思えます。しかし、現実には、投資初心者を惑わせるような情報がこの世の中には溢れています。

- 「今の株価は割高です。暴落はまもなく訪れます。今のうちに株式はすべて売却しましょう」
- 「インデックス投資は短期間で大儲けできません。資金が少ないうちはFXでレバレッジをかけて増やしましょう」
- 「暗号資産で1億円儲かりました」
- 「これからはAIの時代です。今注目のAI関連株はこれです」
- 「投資で成功したいなら今すぐ私をフォローしましょう。今なら定期購読記事が初月無料です」
- 「インデックスを超える投資方法をあなただけに届けます」

　これらの情報は、一見信憑性があるように見えますが、多くは根拠のない個人の意見や感想、あるいは何かの事情によるポジショントークに過ぎません。これらの情報に惑わされて短絡的に行動すると、いつの間にか「余計なこと」をしてしまいます。

第2部｜理論編

- ●「暴落を恐れて全売りし、結局高値で買い戻す」
- ●「損を取り返すためにレバレッジを効かせて、損失が増える」
- ●「暗号資産が約束していたバラ色の未来なんてなかった」
- ●「流行に乗ったらブームは去った」
- ●「経済ニュースに踊らされ短期売買を繰り返し、結局市場平均に負けている」
- ●「高額な情報商材を購入し、効果が出ない」

　「タイミングを読まないでインデックスファンドをひたすら買うだけ」というシンプルな方法で99点を達成できるにもかかわらず、多くの人がこれらの情報に振り回され、投資効率（シャープレシオ）が99点からどんどん落ちていくのです。

　これらの情報源とは距離を置くのが最もよいでしょう。しかし、何が正解かわからず不安や焦りからどうしても気になってしまうという人もいるでしょう。

　大事なのは、主観的な希望的観測に頼って短絡的に行動するのではなく、客観的な視点に基づいて、長期的に正しい行動をとり続けることです。第2部の「理論編」では、99点の資産運用を支える基本的な考え方とその理論を紹介します。

インデックスファンドが
強い理由を教えてください

　なぜ、インデックスファンドを買うだけで99点を達成できるのか？

　まずインデックスファンドが強い理由を説明します。インデックスファンドにもさまざまな種類がありますが、基本的には株式市場全体を「まるごと買う」ものです。個別の銘柄を分析したり選定したりすることなく、一切のバイアスをいれずに、「時価総額」に応じてすべての株式を保有します。

　インデックスファンドを買うことで、資産運用の成績は時価総額加重平均＝「市場平均」とほぼ同じになります。長期的に見て、この市場平均に勝てる個人投資家はほぼいません。

　なぜなら、株式市場の取引のほとんどは機関投資家というプロによって行われていますが、市場平均というのは、この巨大な専門機関のトップクラスたちが出した結果だからです。

　われわれが株を買うとき、その裏で株を売っている相手は巨大な専門機関のトップクラスであり、われわれが株を売るときその裏で株を買っている相手もプロです。市場平均に勝とうというのは、われわれ「普通の人」が、情報も頭脳も分析力もすべてにおいて優れている金融のプロに勝とうとする行為です。

　ちなみに、機関投資家自身も市場平均には勝てません。なぜなら、市場平均というのは彼ら自身だからです。

第 2 部｜理 論 編

　しかし、われわれ「普通の人」は、「市場平均を買うこと
＝インデックスファンドを買うこと」で彼らの成果をそのま
ま享受することができるのです。

　その際、決して「市場平均よりよい成績をとってやろう」
としないでください。その瞬間、悲しいことに魔法がとけ
て、あなたは99点がとれなくなってしまいます。

インデックスファンドの中でも市場平均が最強なのはどうしてですか?

　最も優れたインデックスファンドは、第1部の「結論編」で紹介した、S&P500や全世界株式のように時価総額加重平均（市場平均）に基づくものです。

　まず銘柄を分散することは投資効率（シャープレシオ）を向上させます。これが個別株ではなくインデックスファンドを選ぶ理由です。では、どのように銘柄を分散すれば最も投資効率がよくなるでしょうか?

　分散の方法として、各銘柄を均等に購入する「均等割」がありますが、これは最適な分散ではありません。最も投資効率がよくなるのは、時価総額加重平均に基づく分散です。この理由についての詳細は本書の範囲を超えますので、興味がある方は「現代ポートフォリオ理論」や「CAPM（資本資産価格モデル）」を調べてみてください。

　「市場平均」という言葉は「ただの平均点」と思われがちですが、実際には、最高のリターンを求めて試行錯誤した結果、導き出された最適な分散方法です。つまり、市場平均は平均点ではなく、最高点なのです。

第2部 | 理論編

column

複雑さを避けシンプルに
（KISSの原則）

　最適な分散が単純な時価総額加重平均であることは驚くべきことかもしれません。投資を趣味にしている人には受け入れがたいかもしれませんが、「普通の人」にとってはありがたいことです。この事実を素直に享受しましょう。

　最も単純なものが最もよいというのは、美しい結果です。「KISSの原則」をご存じでしょうか？これは「Keep It Simple, Stupid.」（シンプルにしておけ！）という略語で、戦略や設計の単純さこそが成功への鍵であり、不必要な複雑さは避けるべきだという原則です。

　多くの人が市場平均を上回ろうと複雑な方法論を語りますが、それらの人々よりも賢い人たちが最適な分散投資を理論的に追求してきました。その結果、「最も投資効率が高いのは、最もシンプルな時価総額加重平均である」という結論に至りました。過去の偉人たちの知見を活かし、「巨人の肩の上に立ちましょう」。

株には買い時が
あるのですか?

マーケットタイミングはありません

　株の買い時・売り時はありません。マーケットタイミング
は存在しないと考えましょう。株価は適正価格で取引され
ており、「今の株価は高値圏／安値圏」「そろそろ暴落しそ
う」などといった分析は無意味です。株式市場には、あら
ゆる情報が織り込まれています。市場は常に効率的に機能
しており、「普通の人」が個別に株価を分析する必要はあり
ません。「普通の人」が株価を気にする必要はないのです。
　あえて言うなら、365日、24時間、いつだって買い時で
す。株価はランダムウォークしながらも、長期的には右肩上
がりなのです。

ランダムウォークとは?

　「ランダムウォーク*」という言葉を聞いたことはありま
すか。難しいことを理解する必要はありませんが、資産運用に
とって重要なのは、株価の将来の値動きは、直近の過去の
値動きに影響されないということです。
　よく見かける「株価の下落時は買い増しチャンス」「積立
初期は株価が下落したほうが嬉しい」といった考えは、「株
価が下がると、その分だけ将来上がりやすくなるはず」とい
う期待に基づいているのでしょう。しかし、過去の動きから
将来を予測することはできません。
　例えば、ルーレットの赤が3回連続で出たからといって、

次に黒が出る確率が高まるわけではありません。同様に、過去の株価の動きが将来の動きに影響することはありません。

　人間は、ランダムな動きにも法則性を見いだそうとする傾向がありますが、株価の動きには確実な法則は存在しません。専門家でさえも、過去の結果から将来を予測することは容易ではなく、「これはわれわれの手に負える問題ではない。ランダムウォークと見なさざるを得ない」という結論に至りました。

＊株価の値動きは、一般的には幾何ブラウン運動と呼ばれるランダムウォークの一種としてモデル化されます。

column

市場は完全に効率的?

市場は完全ではないが、個人投資家が勝つのは難しい

「市場は100%完全に効率的か?」と聞かれたら、答えはもちろん「No」です。しかし、個人投資家が株式市場を出し抜いて継続的に利益を得られるほどの非効率性はありません。十分に効率的です。

重要なのは「市場が100%完全に効率的かどうか」ではなく、その違いが本書で紹介する資産運用の点数、つまり投資効率にどれだけ影響するかです。

非効率性の影響はごくわずか

市場の効率性が100%であろうと95%であろうと、その影響は微々たるものです。具体的には100万円が20年後に200万円になるか、それとも199万9,980円になるか程度の差です。

金融理論は完璧ではないが十分実用的

本書の内容は金融工学の成果に基づいています。市場の効率性と同様に、その理論は現実に完全に当てはまるわけではありません。

しかし完璧である必要はありません。ほぼ十分成り立っていれば、資産運用の点数に対する影響はほとんどありません。本書の説明はこのような実践的な考え方に基づいたものです。

第 2 部 | 理 論 編

リスクって何ですか?

　すでに説明した通り、市場平均は最も投資効率がよい、つまりリターンとリスクのバランスが最も優れています。投資効率とはリターンをリスクで割った値です（P28）。
　リターンが大きいほどよいのは直感的に理解できますが、それではリスクが小さいことはなぜ重要なのでしょうか?
　詳しく見ていきましょう。

リスクと投資結果の関係

　リスクとは何か、そしてリスクと投資結果の関係について詳しく触れる前に、まずは結論を示しておきます。リスクが小さいと投資結果がよくなります。そのため、投資においては、リスクを減らすのが重要となります。
　詳しい説明は後にするとして、まずは「投資結果がよくなる」とは具体的にどういうことか見てみましょう。次ページのグラフは、ある2種類の投資商品に投資した場合、40年後にいくらになるか、その予想される評価額（横軸）と、その評価額になる確率（縦軸）の関係を示しています。この二つの商品はリターンは同じですが、リスクが異なります。一方はインデックスファンド、もう一方は個別株を表します。同じリターンにもかかわらず、リスクが異なるだけで、将来の結果がこんなにも変わります。それでは、AとB、どちらがインデックスファンドで、どちらが個別株の将来の起こりうる投資結果を表していると思いますか?

51

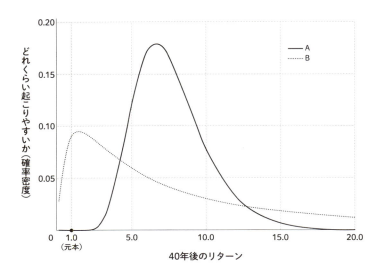

　多くの人は、「個別株のほうが儲かる」という誤ったイメージを持っているのではないでしょうか。より高い利益を得られそうなAが個別株の投資結果、と考えるでしょう。しかし、実は逆なのです。正解はAがインデックスファンド、Bが個別株の投資結果を表しています。リスクが小さいインデックスファンドのほうが、より高い利益を得やすいのです。

リスクを理解して不確実性に向き合う

　リスクがなければ、投資は簡単です。リターンが高いものを買うだけです。しかし、現実の投資にはリスクがあり、そのリスクとどのように付き合うかが重要です。

　リスクを理解することで、次のようなことが可能になります。

第2部｜理論編

- リターンとリスクが異なる投資商品の将来の予想される投資成績を比較する
- 異なる投資戦略の将来の予想される投資成績、リターンを比較する
- 自分のリスク許容度にあわせた最適な資産配分をとることで、リターンを最大化する
- 投資における不確実性をより適切に管理する

　ただし、リスクは、本書の中では理解するのが最も難しい部分かもしれません。わからない箇所は最初は飛ばしていただいて大丈夫です。将来、資産運用について迷いが生じたとき、読み返してみるとよいでしょう。

リスクの定義

　日常会話のなかでは「良くないことが起きる可能性」という意味で使われる「リスク」ですが、投資の世界ではちょっと意味が違います。投資における「リスクが大きい」とは「将来のリターンが不確実で、そのブレ幅が大きいこと」を意味します。リターンのブレ幅を具体的に数値化するために、投資のリスクは「リターンの標準偏差」で表されます。これは、各年のリターンを収益率（％）で表した場合の、その収益率のばらつきの大きさを示します。

column

標準偏差とは

標準偏差とは、データの個々の値が平均値からどれだけ離れているか、そのばらつき具合の大きさを表す指標です。標準偏差が大きいと、データのばらつきが大きいことを意味します。投資においては、リスクが大きいということは、毎年の収益率のばらつきが大きく、不安定であることを意味します。

標準偏差の例

以下の株式Aと株式Bについて、平均収益率（リターン）と標準偏差（リスク）を具体的に見てみましょう。計算の詳細は省略します。

株式A
過去5年間の収益率：5％、15％、-10％、20％、-5％
→平均収益率：5％
→標準偏差：11.4％

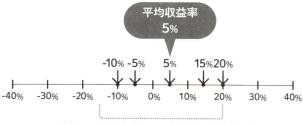

ばらつきが小さい＝標準偏差が小さい

> 株式B
> 過去5年間の収益率：10％、30％、-20％、40％、-35％
> →平均収益率：5％
> →標準偏差：28.6％

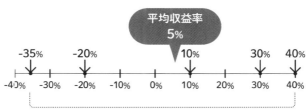

ばらつきが大きい＝標準偏差が大きい

どちらも平均収益率は5％で同じですが、株式Bのほうが標準偏差が大きく、毎年の収益率のばらつきが大きいことがわかります。

> ここで示した例は、標準偏差の説明を目的としたものです。実際の投資においては、過去のデータから商品の将来のリターンとリスクを正確に見積もるのは困難です。特にリターンの推定は難しく、過去5年や10年といった短期間のデータでは推定誤差が大きく、信頼性が低いです。一方で、リスクの推定は比較的正確に行えます。第1部「結論編」で資産配分を決定する際にリターンよりもリスク許容度を重視したのは、リスクの推定が比較的正確に行えることが理由の一つです。

本書におけるリスクの使用方法

　本書では、「リスク」という言葉は、投資におけるリスクの定義の慣習に従い「リターンの標準偏差」の意味で使用します。

　「結論編」では株式や投資信託を「リスク資産」、現金や定期預金を「無リスク資産（安全資産）」と呼びました。その理由はこのリスクの定義からきています。

　株式や投資信託は、毎年のリターンは確定していません。大きく得をすることもあれば、逆に損をすることもあります。これらはリターンにブレがあるのでリスク資産です。

　一方、現金や定期預金が無リスク資産と呼ばれるのは、これらがリターンを生まないからではなく、そのわずかながらのリターンに毎年ブレがないからです。銀行に預けておいた現金はほぼ収益率がゼロですが、ある日何もしていないのに残高が減ってしまう、つまり、収益率が突然マイナスになるということはありません。定期預金の利息が0.1％から突然10％になったりもしません。無リスク資産はリターンにブレがないのです。

リスクと株価変動を混同しない

　リスクはあくまでリターンのブレ幅を表す指標であり、株価変動そのものではありません。

例 毎年10％ずつ安定して株価が上がる場合

　株価は毎年10％ずつ変動しますが、リターンは毎年10％で一定ですので、リスクはゼロです。つまりこの商品のリターンは10％、リスクは0％です。もちろん現実に

はこんな都合のよい商品は存在しません。

例 **毎年10％ずつ安定して株価が下がる場合**

　リターンは毎年−10％で一定ですので、リスクはゼロです。毎年、株価が下がっていくのに、リスクがゼロというのは、直感に反するかもしれませんが、定義上、リスクはゼロです。もちろん、現実には、たとえリスクがゼロであろうと、このようなリターンがマイナスな商品は誰も買いません。

異なる意味で使用されるリスクの例

　投資に関する記事などでよく見られる、以下のようなリスクの表現は、本書で使用しているリスクの定義とは異なります。

- 「投資をしないことは日本円に100％投資をしているのと同じです。現金はリスクです」
- 「全世界株式とS&P500を同時に買うとリスク分散になります」
- 「オルカンを20年積み立てても報われないリスクがあります」

　このようにリスクという言葉は曖昧な意味で用いられることが多いです。これらを本書におけるリスクと混同しないようにしましょう。

長期投資するのであれば
結果は安定するのだから
リスクは気にしなくてよいのでは?
リターンだけ追求すればよいのでは?

　　多くの人が「長期投資ならリスクは気にしなくてよい」と考えますが、実は大きな誤解です。リスクは将来のリターンを減らします。

誤解を生むリスクの説明

　　証券会社のサイトなどで、次ページのようなリスクを説明する図を見たことはありませんか?　これらの説明は、多くの誤解の原因となっています。「価格の変動幅が大きいとリスクが大きい」「長期的にはリスクは無視できる」といった誤解はここからきているようです。

　　実際、リスクは決して無視できません。なぜなら、リスクは将来の「リターンの中央値」に悪影響を与えるからです。先ほど見たリスクが異なる二つの商品の40年後に起こりうる結果(P52)がまったく異なるのもリスクが「リターンの中央値」に悪影響を与えたのが原因です。

第 2 部 | 理 論 編

［誤解を生みやすい「リスク」の説明図］

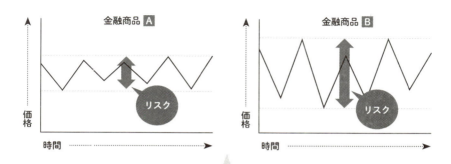

「リスクは価格の変動幅」という誤解を生みやすい

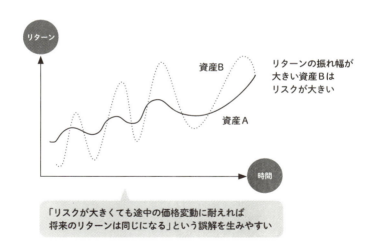

「リスクが大きくても途中の価格変動に耐えれば将来のリターンは同じになる」という誤解を生みやすい

リターンの中央値

リターンの中央値とは何でしょうか？　一般に、中央値とはデータを値の大きさの順に並べたとき、ちょうど真ん中の順位に位置するデータの値のことです。例えば、全体の人数が100人の場合、「100人の身長の中央値」とは、身長を高い順に並べてちょうど真ん中、50番目（または51番目）の人の身長を表します。

では、ある商品の、例えば10年後の「リターンの中央値」とは何を表すのでしょうか？　商品は一つなのにそのリターンを大きい順に並べるというのは、最初は理解しづらいかもしれません。リスクは「リターンのブレ」であることを覚えていますか？　今から10年後のリターンは現時点では確定していません。そこで登場するのが確率です。

将来のある時点のリターンの中央値とは、将来起こりうるリターンを大きい順に並べたときのちょうど真ん中、すなわち50％の確率に相当するリターンを表します。

例えば「10年後のリターンの中央値は100万円です」とは、「10年後のリターンが100万円を上回る確率は50％です」という意味です。「50％の確率で100万円を下回る」とも言えます。確率50％でそのリターンを達成できるのですから、将来のリターンの中央値は大きいほうがよいです。

リスクが将来のリターンに及ぼす影響

リターンの中央値については後ほど具体的に見ていきますが、まずは、先ほどの二つの投資商品AとB（P52）を例として、リスクの違いによって、リターンのブレが時間とともにどのように広がっていくか見てみましょう。

第 2 部 | 理 論 編

　AとBのリターンとリスクの値はこれまで明記していませんでしたが、ここで明記しておきます。

	リターン	リスク
A	5%	5%
B	5%	20%

　リターンはAとBどちらも5％で同じですが、リスクはAが5％、Bが20％です。AとBのそれぞれの1年後から10年後までの予想されるリターンがどのように変化していくのか、その様子をグラフで見てみましょう。

グラフの見方

　次ページのグラフは、1年後から10年後までの各年における資産の評価額と、その確率の関係を表しています。横軸は評価額の大きさを示します。1.0は元本です。2.0は資産が2倍になったことを表し、100万円の元本が200万円になったことを示します。逆に、0.5は元本が半分になり、50万円に減ったことを示します。

　縦軸は、その評価額になる確率（正確には確率密度）を示します。高さが高いほどその評価額になる可能性が高いことを示します。例えば、Aの1年後の分布を見てみましょう。分布は1.0の周辺、すなわち元本の周辺に寄っていて、あまり広がっていません。これは、1年くらいでは評価額が大きく変わらないことを意味します。評価額1.5に対する確率はほとんどゼロに近く、1年で資産が50％増えることはほとんどないのです。

61

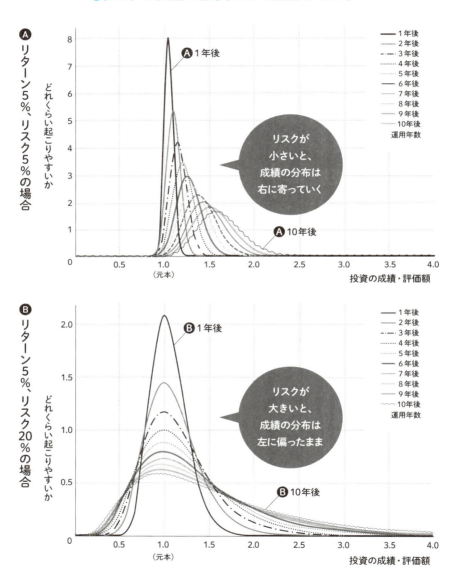

評価額の分布グラフの比較

　Aのグラフでは、1年、2年、3年と経つにつれ、評価額の分布が右に寄っていく、つまり評価額が増えていく傾向があります。10年後の分布を見てみると、評価額が2.0、つまり資産が倍になる確率も十分あります。

　一方、Bのグラフでは、年数が経過しても評価額の分布が左に偏ったままで、右に寄っていきません。これは望ましい分布とは言えません。リスクがリターンに悪影響を与えたためです。リスクが大きいと、ごくまれに大きなリターンを得られますが、多くの場合は思うようなリターンを得られない結果になります。

　「毎年のリターンのブレが大きくても、長期的には結果は安定する」というのは、まったくの誤解であり、実際は結果が安定することはありません。それどころか、たとえリターンが同じでも、毎年のリターンのブレが大きいと、なんと投資結果は悪くなるのです。

パーセンタイルで見るリスクの影響

　次は、リターンの中央値（50％）の数字を具体的に見てみましょう。ここでは中央値だけでなく、以下の５つのケースについても見てみます。

● 運がとても良かった場合（97.7％）
● 運が良かった場合（84％）
● 運が普通だった場合（50％）
● 運が悪かった場合（16％）
● 運がとても悪かった場合（2.3％）

　このようにデータを小さい順に並べ、ある数字がデータの小さいほうから見て何％の位置にあるかを表すものをパーセンタイルといいます。例えば「10年後の97.7パーセンタイルの値は217万円です」というのは、「10年後に評価額が217万円を下回る確率は97.7％です」という意味です。217万円を上回る確率は2.3％とも言えます。また、これまで見てきた中央値は「50パーセンタイル」のことです。

　AとBのパーセンタイル値が年数とともにどのように変化していくかグラフで見てみましょう。参考のため、リターンの期待値である期待リターン（P66）もグラフ上で示しています。

第2部 | 理論編

リスクによってパーセンタイル値はどれくらい変わるのか

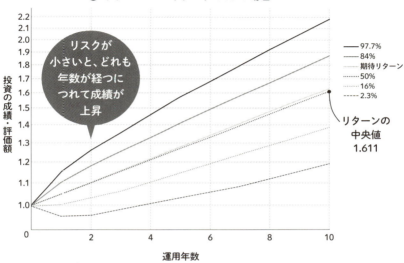

Ⓐ リターン5％、リスク5％の場合

リスクが小さいと、どれも年数が経つにつれて成績が上昇

リターンの中央値 1.611

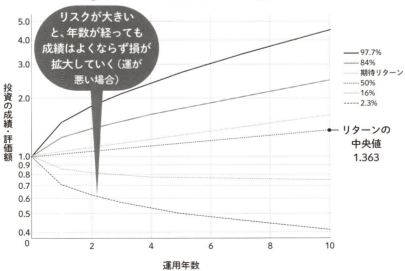

Ⓑ リターン5％、リスク20％の場合

リスクが大きいと、年数が経っても成績はよくならず損が拡大していく（運が悪い場合）

リターンの中央値 1.363

パーセンタイル値の比較

　グラフの横軸は年数、縦軸は評価額の大きさ（対数スケール）を示しています。グラフを見ると、Aはどのパーセンタイル値も2年目以降上昇しています。一方、Bは運が悪い場合（16％）や運がとても悪い場合（2.3％）に、年数が経つにつれて評価額が減少していくことがわかります。

keyword

期待リターン

期待リターンとは、一般には「将来の投資収益の見通し」という曖昧な意味で用いられることが多いです。本書でも特に厳密に区別する必要がないときは、曖昧な意味で使用します。ただし、ここでの期待リターンは、統計学で言う厳密な期待値、すなわち、すべての起こりうるリターンをその発生確率を考慮して加重平均したものです。

第 2 部 ｜ 理 論 編

AとBの10年後の各パーセンタイル値を表に示します。

	A（リスク5%）	B（リスク20%）
97.7%	2.176	4.498
84%	1.874	2.476
期待リターン	1.629	1.629
50%（リターンの中央値）	1.611	1.363
16%	1.386	0.750
2.3%	1.192	0.413

　10年後のリターンの中央値は、Aが1.611、Bが1.363です。リスクが大きくなると、リターンの中央値が悪くなります。

　運がとても悪かった場合（2.3%）を見ると、Aは1.192で、元本割れすることなく19.2%の利益が出ています。一方、Bは0.413で、資産が半分以下になっています。リスクが大きいと、運がとても悪かった場合では資産を大きく減らす結果になります。

　パーセンタイル値が両者でこれほど異なるのに、期待リターンはどちらも同じ1.629です。これは元々のAとBのリターンがどちらも5%で同じだからです（$1.629 = 1.05^{10}$）。リスクによって分布の形やパーセンタイル値はこんなにも異なるのに、期待リターンが同じになるということは、リスクを考慮せずにリターンだけを見ても、投資の真の姿は見えないことを示しています。

67

リスクが大きくなると、
期待リターンを下回る確率が高くなる

　リスクがあると、リターンの中央値はリターンの期待値と一致しません。リターンの中央値は、リターンの期待値を下回ります。先ほどのAとB、どちらのリターンの中央値も、リターンの期待値を下回っています。これは、期待リターンを達成できる確率は50％未満であることを意味します。リスクが大きくなるほど、期待リターンを達成できる確率はさらに小さくなります。大きなリターンが得られるのを期待して投資を始めたものの、リスクが大きい投資では「何か思っていた結果と違う。こんなはずじゃなかった」という未来になりやすいのです。

資産運用で重要なのはリターンの中央値

　資産運用において重要なのは、リターンの期待値である期待リターンではなく、リターンの中央値です。
　商品のリターンが大きいほど、あるいはリスクが小さいほど、リターンの中央値は大きくなります。リターンをリスクで割った値である投資効率が最もよいのは、時価総額加重平均インデックスです。「結論編」で説明した「時価総額加重平均に基づくインデックスファンドだけ買いましょう」というのは、それが最も投資効率を高めてリターンの中央値を大きくするからです。この結論は、確率統計の手法に基づいた金融工学の成果＊です。
　本書の巻末付録②に、リターンの中央値の具体的な求め方の説明があります。興味のある方はご覧ください。

第 2 部 | 理 論 編

＊資産運用という複利の世界では平均値はあてにならないため、"効用関数"として
リターンをそのまま用いるのではなく、極端な値の影響を受けにくい"リターンの
対数"を用いることが一般的に行われます。リターンの中央値は、効用関数として
リターンの対数を用いる場合と性質が一致し、いずれも投資戦略を現実に即して評
価する際に役立ちます。詳しい説明は本書の範囲を超えますので省略します。

column

あてにならない平均値

　平均値があてにならない有名な例として、「ワシントン州の独身男性の平均年収が急に 500 万円ほど増えた」という話があります。これを聞くと、「独身男性はワシントン州で働いたほうがよい」と思うかもしれません。しかし、この平均年収が急に増えた理由は、「ビル・ゲイツが離婚したから」でした。

　この例からもわかるように、平均値は必ずしも正確な情報を反映しているとは限りません。特に、データに極端な値が含まれている場合、平均値はその値に大きく引っ張られます。中央値であれば、ビル・ゲイツの離婚の影響は受けませんでした。

　次に、別の例で考えてみましょう。

A「平均年収が 600 万円の州（ビル・ゲイツは住んでいない）」

B「平均年収が同じく 600 万円の州（ビル・ゲイツが住んでいる）」

　どちらも平均年収は同じです。しかし、Bのほうはビル・ゲイツが住んでいるため、年収のばらつき、「リスク」が高いです。この場合、年収の観点ではどちらに住みたいでしょうか？　「平均年収が同じだからどちらに住んでも同じ」とは思わないでしょう。Bの州は、ビル・ゲイツを除いた場合の平均年収や年収の中央値は、Aよりも圧倒的に低いです。

　これは、先ほど見た二つの投資商品AとBと同じ状況です。期待リターンが同じにもかかわらず、リスクが高い商品Bを選ぶのは割に合いません。自分がビル・ゲイツでない限りは。

第2部 | 理論編

長期投資ではリスクは減るって聞きました。本当ですか?

　これまでの説明で、「長期投資でもリスクは減ることはなく、ブレ幅は拡大していく」という点は理解できたと思います。しかし、この点に関しては多くの誤解が存在します。ここで一つ一つ誤解を解いていきましょう。

長期投資でリスクは減らせるという誤解

　「長期投資をすることでリスクが減る」というのは、「短期的な投資の結果に一喜一憂せず長期間運用することで、短期的な成績のブレは良いときと悪いときで相殺され、結果としてリターンは期待リターンに収束する」という意味で使われていることが多いです。しかし、事実は逆です。ここまで見てきた通り「リターンのブレ幅」は時間とともに拡大します。

　具体的には、投資期間が4倍になればリスクは2倍、投資期間が16倍になればリスクは4倍になります。一般に、商品の1年あたりのリスクをσ（シグマ）とした場合、「n年間投資したときのリスク」は$\sqrt{n}\sigma$になります。つまり投資期間が増えるほど、リスクは大きく（$\sqrt{n}$倍）なります。

　これは前述の「1年後の分布」と「10年後の分布」からも明らかでしょう。「10年後の分布」のほうがバラツキが大きいです（P72の図）。つまり、長期投資してもリターンは一定の値に収束するわけではなくて、ブレは長期投資すればするほど大きくなります。

71

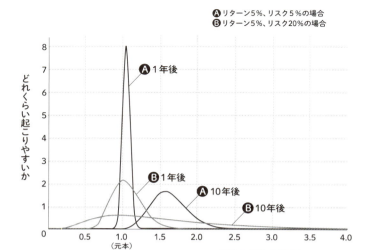

　長期投資はもちろんよいことですが、それはリスクを減らすためではありません。リスクを減らす魔法は存在しません。唯一、そのような魔法があるとしたら、それは最も投資効率のよい投資商品、すなわちインデックスファンドをリスク資産として選択することです。それがリターンを保ちながらリスクを減らす唯一の方法です。

長期投資すると「1年あたりのリスクは減る」の誤解

　よく見かける間違いとして以下のようなものがあります。
　「1年あたりのリスクが20％の投資商品に10年投資するなら、10年でのリスクは63％（＝$\sqrt{10} \times 20$）です。1年あたりのリスクはそれを10で割った値、6.3％です。長期投資はリスクを減らします」
　この説明は間違いであり、1年あたりのリスクは変わりません。詳しくは本書の巻末付録③をご覧ください。

第2部 | 理 論 編

年平均リターンのブレとの誤解

「投資期間は長くなるほど、年平均リターン*のブレは小さくなると聞きました」と不思議に思った人もいるかもしれません。

*ここでは、年平均リターンを幾何平均リターンとします。幾何平均リターンとは、複利効果を考慮した、年あたりの平均リターンです。いわゆる一般的な平均値である算術平均と異なり、幾何平均（相乗平均）を用います。

例えば、以下のような説明です。

- 1年間投資したときの年平均リターンのブレ：
  − 35.0％から +60.0％までの間に収まる
- 30年間投資したときの年平均リターンのブレ：
  +2.5％から +10.0％までの間に収まる

こうして見ると年平均リターンは収束しているように見えます。しかし、実際の30年後の投資収益のバラツキの幅を計算してみると、以下のようになります。

- 1年後：0.65（−35.0％）から
  1.60（+60％）の間 ⎫ **2.5倍の差**
- 30年後：2.09（＝ 1.025^{30}）から
  17.45（＝ 1.10^{30}）の間 ⎫ **8.3倍の差**

1年間では最大で約2.5倍（＝ 1.60/0.65）の差が、30年間では最大で約8.3倍（＝ 17.45/2.09）の差になります。つまり、年平均リターンのブレが小さくなることは、「長期投資でリターンのブレは縮小する」ことを意味しません。

73

でも長期投資すると
元本割れリスクは減りますよね?

　「長期投資をすると元本割れのリスクは減りますよね?」
と思う方もいるかもしれません。この場合の元本割れするリ
スクのリスクは、本書でいうリスクとは異なります。では、
元本割れする確率は減るのか検証してみましょう。

　商品の性質にもよりますが、一般的にはよい商品であれ
ば「長期投資すると元本割れする確率を減らせる」は正し
いです。

　先ほど解説したリスクが異なる二つの商品の10年後の投
資成績をもう一度見てみましょう。

　次ページの図Aは、リターン5%、リスク5%です。リス
クが小さいと10年後に元本割れする確率はほとんどないこ
とがわかります。

　一方Bの、リターン5%、リスク20%の場合は、そうはな
っていません。10年経っても、評価額が1.0を下回る確率
は高いままです。

元本割れする確率を減らすには

　「長期投資をして元本割れする確率を減らしたい」のであ
れば、「資産配分は現金100%にする。リターンもリスクは
ゼロになり、元本割れする確率は0%です」

　……というのは冗談のようで本当です。

　もちろん、資産運用の目的はリターンを得ることですの
で、リスク資産も含めた資産配分が必要です。元本割れの

第 2 部 | 理論編

［リスクの差によって評価額が
1.0を下回る確率が変わる］

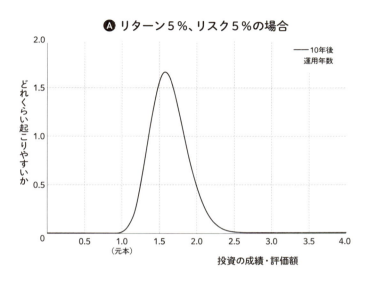

❶ リターン5％、リスク5％の場合

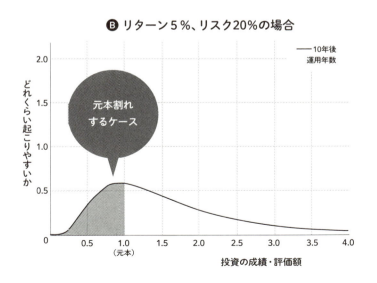

❷ リターン5％、リスク20％の場合

確率はゼロにはなりませんが、良質な商品、投資効率の高いインデックスファンドと現金で資産配分を組み、長期で運用することが元本割れの確率を減らす最善の方法です。

column

減らせるリスクと
減らせないリスク

　リスク資産に投資する以上、不確実性はなるべく減らすべきです。しかし、リスクをゼロにすることはできません。理想的な分散をしても消せない、市場そのものが抱えるリスクは「システマティック・リスク（市場リスク）」と呼ばれ、リターンを生み出す源泉です。

　一方、消去できるリスクは「アンシステマティック・リスク」と言います。アンシステマティック・リスクはとるだけ無駄なリターンを生まないリスクです。

リスクをとらなければリターンは
得られないの誤解

　「リスクをとらなければリターンは得られない」という考え方は一般的ですが、多くの誤解を生んでいます。

　正確には「システマティック・リスクをとらなければリターンは得られない」です。余計なことをしてアンシステマティック・リスクをとっても、リターンは得られず、むしろリターンの中央値を下げてしまいます。

第2部 | 理論編

インデックスファンドは 海外の株式に投資していますが、 為替リスクはどうなんでしょうか?

為替リスクとは

　　インデックスファンドは多くの場合、海外の株式市場に投資しています。そこで気になるのが、為替リスクです。為替リスクとは、投資する国の通貨と自分が保有する通貨との間の価値変動によるリスクのことです。

為替リスクの影響はどれくらい?

　　為替リスクについては、「為替リスクがない」あるいは「為替リスクがある」とゼロ・イチで考えるのではなく、「為替リスクが全体のリスクにどれだけ影響するか」を考えることが大切です。

　　例として、S&P500インデックスファンドのように内部ではドル建ての商品に日本円で投資する場合のトータルのリスクはどのようになるか見てみましょう。条件は以下の通りです。ただし数字は仮の値です。

- S&P500インデックスのリスク：20%
- ドル円の為替リスク：10%
- S&P500インデックスとドル円の変動の間に相関がない

77

この条件の場合は、トータルのリスクは22.4%になります。20%＋10%＝30%とそれぞれのリスクを足した値にはなりません。以下のように計算することができます。

$$\sigma^2 = \sigma_a^2 + \sigma_b^2 + 2p\sigma_a\sigma_b$$
$$= 0.2^2 + 0.1^2 + 2*0*0.2*0.1 = 0.05$$
$$\sigma = \sqrt{0.05} = 0.224(22.4\%)$$

為替リスクが10%だからといって、そのまま10%リスクが増えるわけではなく、増加分は2.4%です。これを大きいと感じるか小さいと感じるかは人それぞれですが、為替リスクを過度に恐れる必要はありません。

第2部 | 理 論 編

———————— column ————————

為替リスクとの
向き合い方

　第1部の「結論編」では、リスク資産の最大損失額を
－50％（P30）と仮定して説明しました。この最大損失額
－50％は為替リスクを考慮した結果です。

　為替も株価と同じく将来が読めないため、予想しようとし
ても無駄です。為替リスクはありのまま受け入れるしかあり
ません。

為替予想に振り回されない

　「今は円安だから、投資は控えたほうがいい」
　「今は円高だから、今のうちに売却したほうがいい」

　このような声に惑わされないようにしましょう。そもそも
為替が読めるのであれば、FX等の為替取引で大儲けできる
はずですが、実際にはFXのリターンは理論上ゼロで、コス
トを考慮するとマイナスです。

　コストを支払って為替ヘッジをしたり、国内株のインデッ
クスファンドに投資先を限定することで、表面上の為替リ
スクは無くせます。米国のように国内の市場規模が世界の
大部分を占めるほど広いならそれでもよいでしょう。しか
し、日本在住の人が日本国内に投資先を限定するのは、市
場の原理から見ておすすめはしません。国内株といえど為替
の影響は間接的には織り込まれており、あえて狭い市場に
投資先を限定するのはメリットよりもデメリットのほうが大
きいです。

本書の99点って
どういう意味でしょうか?

　ここで本書のタイトルにもなっている「99点」の意味について説明します。個人の資産全体の理論上の最大の投資効率を100点とした場合、本書の方法は99点としています。つまり、同じリスクをとっている他の方法と比較した場合、その中ではほぼ満点に近い99点のリターンを得ることができるということです。

　最適化や手間をかければ理想的な100点に近づくことはできますが、99点を100点にするのは、割に合わないことが多いです。「コストパフォーマンス」が悪いのです。

　ただし、方法が99点だからといって、実際の投資収益が99点になることは保証されません。リスク資産に投資する以上、常に成績が1位になる方法はありません。

　投資のリターンについては、誤解を招きやすいので、もう少し触れておきます。本書でも、「リターン」は、過去の実績、過去の実績から計算した平均収益率、将来の期待収益率、将来実際に得られた収益など、さまざまな意味で使用されています。文脈から何を指すのか明確であったり、厳密に区別する必要がない場合、これらはすべてリターンと呼ばれることが多いです。特に注意が必要なのは、「過去のリターン」と将来の「期待リターン」です。過去のリターンは、過去の投資実績であり、将来の投資結果を保証するものではありません。一方、将来の期待リターンは、将来の投資収益の見通しです。投資判断を行う際には、将来の期待リターンを重視しましょう。

第2部｜理論編

column

過去リターンと
期待リターン

　「過去リターン」と将来の「期待リターン」について、以下のような、サイコロを振るゲームで考えてみましょう。

1. 100個のサイコロがあり、99個は普通のサイコロ、残りの1個は最高点を出す市場平均サイコロです。普通のサイコロの出る目の期待値が3.5だとしたら、市場平均サイコロは期待値が4.0であり、これは最も優れたサイコロです。

2. 100個のサイコロをそれぞれ10回ずつ振り、出た目の合計値を比較します。

　このとき、市場平均サイコロが1位になることはまれです。普通のサイコロの中には、市場平均サイコロを上回るものがいくつかあるでしょう。ただし、過去の成績がよかったことは、そのサイコロが優れたサイコロであることを保証しません。次に10回振るサイコロとして、そのようなサイコロを選ぶのは得策ではないでしょう。

　現実では、毎年のように「過去リターン」がよい指数や銘柄の組み合わせが、過去の実績がよいという宣伝文句とともに、新たな投資商品として販売されますが、それに飛びついてはいけません。

　投資の世界では、個々のサイコロの本来の期待値を過去の実績データから推測することは専門家でも難しい問題です。過去の成績が偶然よかったサイコロを選ぶのではなく、市場平均サイコロを振り続けましょう。

第3部

Q & A 編

余計なことを
しないために

第3部 | Q & A

それでも悩んでしまうあなたへ

　ここまで、「普通の人が資産運用で99点をとる方法とその考え方」について述べてきました。しかし、実際にさまざまな情報を目にすると、迷ったり、疑問を抱いたりしてしまうことでしょう。誰かが疑問に思うことは、多くの人も同じような疑問を持っているものです。そこで、ここでは、資産運用におけるよくある疑問について私のサイトに寄せられた質問なども踏まえてQ&A形式で解説し、99点の資産運用を続けるためのヒントを共有します。

第3部 | Q & A

私はインデックスよりも大きなリターンがほしいから個別株にも手を出しています。いけないでしょうか?

個別株で大きくなるのはリスクであり、リターンではない

　ここまでお伝えしている通り、個別株に投資することは投資効率（シャープレシオ）の観点でいえば、「リターンのブレ」が大きくなります。資産配分（アセットアロケーション）においてリターンは変わらないのにリスクだけが大きくなります。

　別の言い方をすると、同じだけリスクをとっている資産配分の間で比較した場合、個別株の入っている資産配分はリターンが低いとも言えます。

資産配分の最適化

　資産配分から個別株を除いて、その分インデックスファンドの割合を増やすことによって、より有利な資産配分をつくることができます。

　第1部の「結論編」では、資産配分を「現金」と「投資効率が最も高い商品（インデックスファンド）」だけを組み合わせて構成しています。その理由は、この二つの組み合わせだけでどのようなリスク許容度であろうと、同じリスク水準において、最もリターンが高い資産配分を構成できる

からです。ちなみにこれを「トービンの分離定理」といいます。

　トービンの分離定理を使用した簡単な例を見てみましょう。以下のような二つの商品Ａ（インデックス）、Ｂ（ある個別株）があったとします。

● Ａ（インデックス）は最も投資効率がよい商品とします。
● Ｂ（個別株）はハイリスク・ハイリターンですが、投資効率はＡに劣ります（Ａ：0.5 ＞ Ｂ：0.45）。

	リターン	リスク	投資効率 （＝リターン / リスク）
商品Ａ（インデックス）	5%	10%	0.5
商品Ｂ（個別株）	10%	22%	0.45

　このとき、今までインデックス投資をしてきたある個人投資家が次のように思ったとしましょう。
　「私はこれまで現金とインデックス（Ａ）の比率は半分ずつ、50：50にしていたのですが、もっとリスクをとってリターンを増やしたくなりました。個別株（Ｂ）のほうがハイリスク・ハイリターンなので、インデックス（Ａ）を半分売って、その分を個別株（Ｂ）にすれば、狙いが達成できるのでは？」

　上記のように思った方がいたら、これは間違いです。すべきことはインデックス（Ａ）の割合を増やすことです。両者の資産配分の違いは次のようになります。

第3部 Q & A

- 資産配分①はインデックス（A）を50%ではなく、インデックス（A）と個別株（B）を25%ずつ持つ。
- 資産配分②はインデックス（A）の割合を50%から80%に増やす。

	資産配分			結果		
	現金の割合	A（インデックス）の割合	B（個別株）の割合	資産全体のリターン	資産全体のリスク	資産全体の投資効率
資産配分①	50%	25%	25%	3.75%	8.0%	0.47
資産配分②	20%	80%	0%	4.0%	8.0%	0.5

※ここでは、AとBの相関は無視しています

　どちらも資産全体のリスクは同じ8.0%ですが、「資産配分①」よりも「資産配分②」のほうがリターンが高くなります。

　現金の割合を減らし、リスク資産に多く投資するのは心配だと思う方もいるかもしれませんが、同じ8.0%のリスクをとっている限り、資産の減り方はほぼ同じです。定期的に資産配分を見直しリバランスするのであれば、同じリスク水準でリターンの高くなる「資産配分②」のほうが有利です。

若いうちはリスクがとれるので個別株のほうがいいのではないですか?

　投資に関する記事で、以下のような文を見たことはありませんか。

　「リスクをとれるならハイリスクな個別株を！　リスクを抑えたいのならインデックスを！」

　しかし、このように「保有するリスク資産の種類によってリスクを調整する」方法では、低いリターンに甘んじることになってしまいます。

リスクの調整は、リスク資産の割合で行う

　同じような例として、「若いうちに個別株でリスクをとり、将来、資産形成ができたらインデックスに移行する」と考える方もいるかもしれませんが、これもやはり間違いです。将来、リスクを減らした資産運用をしたいのなら、例えば、次のようにするとよいでしょう。

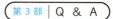

前半:「現金20％:インデックスファンド80％」

後半:「現金70％:インデックスファンド30％」

　リスクを調整するには、リスク資産の種類を変えるのではなく、リスク資産の割合を変えることが重要です。現金とリスク資産の比率を調整することで、リスク許容度に合わせた最適な資産配分が可能です。

　これは年齢に限った話ではありません。さまざまな要因によってリスク許容度が変わることがあったとしても、やるべきことはスライダーバーを動かすだけです。中身を変える必要はありません。

米国株（S&P500など）と全世界株式、どちらのインデックスファンドがよいのでしょうか?

　第1部「結論編」で例として挙げていたファンドですね。どちらを選ぼうと、大きな差にはならないでしょう。このレベルになると、99点 vs 98点の僅差です。

世界の広さ：全世界株式＞S&P500

　投資効率が最もよくなるのは時価総額加重に基づいて保有することです。その母体となる「世界（ユニバース）」は広いほどよいです。この観点では、全世界株式のほうが「世界」が広いため優れています。

コストの優秀さ：S&P500＞全世界株式

　実際には保有に必要なコストも考慮する必要があります。表面上知ることができる信託報酬だけがコストではなく、運用にはさまざまなコストがかかります。この観点では、S&P500のほうがコストが低く優秀です。

どちらも一長一短

　ただし、世界の広さの観点では、S&P500ほどの広さで

第3部 Q & A

ほぼ十分です。コストの観点では、全世界株式の保有コストは、金融技術の発達と投資環境の整備により、年々下がっており、S&P500 と比較して大きく引けをとっているわけではありません。

　どちらの長所・短所もその差はわずかで、大きな差はありません。迷うくらいなら、オルカン等の全世界株式でよいでしょう。ただし、両者の成績が将来同じになるというわけではありません。短期的な成績の差に振り回されないようにしましょう。

私はどちらにするか選べません。
どっちも半分ずつ持つのは
ありでしょうか?

　全世界株式とS&P500を半分ずつ持つことに合理的な理由は残念ながらありませんが、半分ずつ持ったとしても点数はたいして落ちないでしょう。それぞれの商品が99点と98点だとしたら、半分ずつ持つのは97点程度でしょう。

資産配分はリバランスが前提

　「半分ずつ持つと両者の間の98.5点になるのでは?」と思うかもしれませんが、実際は「どちらにも負ける」ことも起こります。これは、商品を半分ずつ持つというのは定期的に両者のリバランスを行うことが前提であり、その結果、単純に成績が平均にはならないのです。

過去リターンにとらわれない

　もしS&P500を半分持つ理由が「過去リターン」に基づくものであるなら、注意が必要です。過去リターンがよいものを混ぜる行為を繰り返すと、リスク資産全体のバランスが時価総額加重平均から離れ、投資効率が下がります。「将来そのようなことをしてしまいそう」と不安な方は、最初から全世界株式のみを選ぶとよいでしょう。

　なおこのような質問が来るのはS&P500の過去リターンが本書執筆時点で、たまたま良かったからかもしれません。

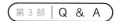

将来、S&P500のリターンが悪い時期が来たら、このような質問が来ることはやむでしょう。

リスク資産として株式だけでなく「債券」も入れたほうがよいと言われたのですが?

　普通の人が持つリスク資産は株式100%で十分です。

　「株式と債券」のようにリスク資産を複数組み合わせた資産配分は、普通の人にとっては運用が難しすぎるでしょう。たとえ、2種類以上のリスク資産を組み合わせたからといって、インデックスのみの投資効率を上回る可能性は低いです。

　株式と債券の比率をどうすれば、投資効率が株式のみのインデックスを上回るのか、現実的にはよくわかっていません。多くの株式と債券を組み合わせた商品は、採用している比率が論理的根拠に乏しいものが多いです。根拠なく株式と債券を半分ずつにしている、あるいは過去の実績から株式と債券の比率を決めていることがほとんどです。

　それよりは、リスク資産は1種類だけにして、資産配分をシンプルに保ったほうがよいでしょう。リスクとリターンの調整やリバランスも簡単です。資産全体の投資効率は放っておいても変わらないという利点もあります。

　債券を入れる目的が単にリスクを減らしたいのであれば、債券を入れるのでなくリスク資産の割合を減らすだけで十分です。

　ここまでの話は債券に限った話ではありません。「銘柄の組み合わせが／最適なポートフォリオを組むには株式と債券と金を」といった記事は多く見かけますが、複数のリスク資産を組み合わせて資産配分を組んでもその努力が報われ

第 3 部 | Q & A

る可能性は低く、また見返りが大きいわけでもなく、結局は
インデックスのみの資産配分に勝てないことが大半です。

---

column

リスク分散の誤解と
投資効率の重要性

　投資に関する書籍や記事でよく目にする「リスク分散」と
いう言葉ですが、本書で用いている「リスク」と異なる意味
合いを持つ場合があります。一般的なリスク分散は、投資
対象を複数にすることで、損失の可能性を低減することを
意味することが多いようです。しかし、本書のリスクは「リ
ターンの標準偏差」を指していますので、「リスクを分散」
という表現をそのまま解釈してしまうと「リターンの標準偏
差を分散」となってしまいます。これでは意味が通りませ
ん。

　より適切な表現としては、「商品を分散してリスクを小さ
くする」という捉え方です。ただし、分散してリスクが小さ
くなった結果、それ以上にリターンが大きく減少してしまう
のでは本末転倒です。

分散の目的は投資効率の向上

　分散の目的は、リスクを小さくすることではなく、投資効
率の向上です。

　投資を始めたばかりのときは、リスク分散の名のもとに多
くの商品を次々に購入しがちです。その結果、保有する商
品の数は増えますが、資産全体の投資効率はインデックス
ファンド1本より低下することが多いでしょう。株式市場の
効率性はそれほど高いのです。最大限うまくいっても点数
が99.1点になる程度であり、通常は90点、80点などに落
ちていきます。

　新しい資産や商品を追加するときは、投資効率が向上す

95

る確信がある場合のみ検討しましょう。リスクを下げようと
してリターンの大幅な低下を招いたのでは意味がありませ
ん。投資効率が落ちます。同様に、リターンを増やそうとし
てリスクの大幅な上昇を招くのも、よく見られますが、これ
も投資効率の低下につながります。

　迷ったときは、前述の「トービンの分離定理」（P86）、あ
るいは第1部「結論編」の資産配分の例を思い出しましょ
う。リターンとリスクの調整は、リスク資産の種類を変える
のではなく、リスク資産の割合を変えることによって、投資
効率を保ったまま、いくらでも行うことができます。

第3部｜Q & A

「今は高値だから現金を
貯めておいて暴落時に買おう」の
ほうがよくないですか?

　株を買うときに「安くなってから買おう」という考え方は
よく聞きます。マーケットタイミングを読んだほうが儲かり
そうと思ってしまうのは自然な心理ですが、そのすべては机
上の空論であり、その方針が継続的にうまくいくことはあり
ません。

　以下に、背理法で証明します。

　例えば、仮にインデックスファンドＡを買っている人がい
るとしましょう。

　その人が「今はＡの価格は高値だから買うのは控えて現
金をためておこう。暴落するときを待ってそのタイミングで
買おう」という戦略をたてるとします。

　もしその戦略が「うまくいく」と仮定します。すると、な
にが起きるでしょうか?

　そのような戦略がうまくいくなら、いまごろ「そういうこ
とをする」ファンドが証券会社から登場しているはずです。

　たとえば「Ａを暴落時に買うファンド」が登場しているは
ずです。このファンドの運用方針は、

● Ａの価格が高いときには購入しないで現金をためておく
● Ａの価格が暴落したときに購入する

　となります。このファンド「Ａを暴落時に買うファンド」

97

の運用成績はAの運用成績を上回ります。

　すると、今度はまた別の証券会社から「『Aを暴落時に買うファンド』を暴落時に買うファンド」が登場することでしょう。このファンドの運用方針は、

●「Aを暴落時に買うファンド」の価格が高いときには購入しないで現金をためておく
●「Aを暴落時に買うファンド」の価格が暴落したときに購入する

となります。このファンド「『Aを暴落時に買うファンド』を暴落時に買うファンド」の運用成績は「Aを暴落時に買うファンド」の運用成績を上回ります。

　すると、今度はまた別の証券会社から【「『Aを暴落時に買うファンド』を暴落時に買うファンド」を暴落時に買うファンド】が登場することでしょう。

　そして、それをさらに暴落時に買うようなファンドが登場するでしょう……。

　このあたりでこのような戦略が机上の空論であるということに気づくと思います。

　証明終わり。

その方法はすでに誰かが試している

　先の証明は、ちょっとした冗談のようなものですが、先ほどの方法に限った話ではありません。「普通の人」が思いつくようなアイデアはすでに誰かが試しています。専門家は日々、何百、何千という無数のパラメータを組み合わせて優位性のある方法を見つけようとしていますが、それでも市

場平均に勝てる人はほとんどいません。普通の人が思いつく方法はすでに試され尽くしており、その出番は残念ながらありません。

具体例（P34）では資産の50%を一括でリスク資産に投資していましたが、少しずつ分割して投資したほうがよいのでは?

ドルコスト平均法の呪い

　　あなたは「ドルコスト平均法の呪い」にかかっているのかもしれません。「ドルコスト平均法」は現在でも証券会社のサイトなどで「時間分散」という言葉と共に紹介されることがあります。「購入金額を一定に保つことで、株価の安いときに多く買い、高いときにはあまり買わない、トータルで株価の平均値を購入することを目指す」と説明されます。一見よさそうに見えますが、結論からいうと、有効な方法ではありません。資産運用で優先すべきは資産配分です。「ドルコスト平均法」は資産配分を歪めてしまいます。

ドルコスト平均法は資産配分を歪める要因

　　例えば、資産のうちの50%を以下の二つの方法で投資するとします。

- 10%ずつ5年に分けて分割で投資する
  （ドルコスト平均法；DCA：Dollar Cost Averaging）
- 適切に一括投資する（LSI：Lump-Sum Investing）

第3部 | Q & A

それぞれの方法で、どのような資産配分になるか見てみましょう（右図）。簡単にするため毎月の積立額は考慮しません。

「ドルコスト平均法」を採用すると、最初の5年間はリスク許容度が「現金：リスク資産＝50：50」にもかかわらず、実際のリスク資産の割合はそれよりも低くなっています。必要以上にローリスク・ローリターンな資産配分です。

ドルコスト平均法での投資は、本来のリスク許容度からはずれる原因になってしまうのです。

［資産配分の比較］

	ドルコスト平均法 （現金：リスク資産）	適切な一括投資 （現金：リスク資産）
1年目	90：10	50：50
2年目	80：20	50：50
3年目	70：30	50：50
4年目	60：40	50：50
5年目	50：50	50：50
6年目	50：50	50：50
7年目	50：50	50：50
8年目	50：50	50：50
…	…	…

ドルコスト平均法はマーケットタイミングを計る方法

「一括投資した直後に暴落がきたらどうするんですか？」と心配する方もいるでしょう。しかし、そもそも暴落がきても困らないようにリスク資産の割合を決めるべきです。リスク許容度を超えた投資をしていること自体が問題です。

ここではそれは置いておくことにして、では、仮に今後10年の間に1年だけ暴落（－20％）が起き、それ以外の年はリターンが4％であるとします。それぞれの方法の10年後の成績を比較してみましょう（次ページ図）。

101

［10年後の成績の比較］

暴落が起きる年	ドルコスト平均法	適切な一括投資
1年目	1.302	1.139
2年目	1.237	1.139
3年目	1.174	1.139
4年目	1.113	1.139
5年目	1.054	1.139
6年目	1.054	1.139
7年目	1.054	1.139
8年目	1.054	1.139
9年目	1.054	1.139
10年目	1.054	1.139

ドルコスト平均法の場合は、暴落が起きる年によって最終的な成績が変わります。一方、適切な一括投資は、暴落がいつ起きても成績は同じ（＝1.139）です。つまり、ドルコスト平均法は、適切な一括投資と比較した場合、下記のようなギャンブルを行うようなものです。

［ドルコスト平均法はギャンブル？］
- 1年目に暴落が起きると相当得（＋0.164）
- 2年目に暴落が起きると得（＋0.098）
- 3年目に暴落が起きると少し得（＋0.035）
- 4年目に暴落が起きると少し損（－0.026）
- 5年目に暴落が起きると損（－0.084）
- 6年目に暴落が起きると損（－0.084）
- 7年目に暴落が起きると損（－0.084）
- 8年目に暴落が起きると損（－0.084）
- 9年目に暴落が起きると損（－0.084）
- 10年目に暴落が起きると損（－0.084）

第3部 | Q & A

　適切な一括投資は暴落のタイミングを仮定しないのに対して、ドルコスト平均法は特定の期間に暴落が起きることに賭けています。しかし、このような賭けが理にかなうのは、「暴落がすぐに訪れる」という自分だけが市場に織り込まれていない情報を持っている場合に限られます。ドルコスト平均法は、マーケットタイミングを計るという余計なことをしているのに過ぎないのです。

ドルコスト平均法は時間分散
だからよい方法だと聞きました！

時間分散は投資効率を向上させない

　「時間分散」という言葉はよく聞きますね。しかし、ここでも分散という言葉は誤解のもとになっているようです。

　同じ分散でも、インデックスファンドのように「銘柄分散」、同時に銘柄を複数持つことは投資効率を向上させる効果があります。しかし「時間分散」、資金を分割して投入するタイミングを複数回に分けることに、投資効率を向上させる効果はありません。

　ほとんどの人は「資産運用は短期より長期のほうがいい」と思うでしょう。それにもかかわらず、「市場に資金を投入するタイミングを先延ばしにしてしまうことで、投資期間を短くしてしまう」ことが「ドルコスト平均法の罠」です。「短期より長期のほうがいい」と理解していながら、「長期より短期」を選んでいるのです。

「市場に投入する資金×年数」の
掛け算が重要

　資産運用のリターンは、基本的には「できるだけ多くの資産」を「できるだけ長い年数」市場においておくことで決定されます。リスク許容度の範囲内で、「リスク資産の額」×「年数」の「掛け算の結果」を可能な限り大きくすることが大切です。

第3部 | Q & A

一括投資とドルコスト平均法の公平な比較

　　ドルコスト平均法の説明でよく見かけるのは、株価が下がってから上がるパターンを示し、「このパターンではドルコスト平均法のほうが有利です」というものです。しかし、特定の条件下でのみ、ドルコスト平均法が有利になることを示しただけでは、方法の優劣を客観的に評価するには不十分です。

　　ここでは、適切な一括投資とドルコスト平均法を公平に比較するため、モンテカルロ・シミュレーションという方法で将来起きうる結果を比較してみましょう。

　　シミュレーション条件は以下の通りです。

- 投資期間：10年間
- 投資額：100万円
- 投資方法
  - 一括投資（A）：100万円を1年目に投資
  - ドルコスト平均法（B）：毎年10万円ずつ10回にわけて投資
- 商品のリターン：5％
- 商品のリスク：10％
- ※試行回数100万回

105

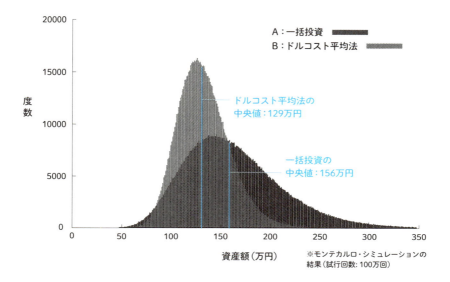

　上のグラフがその結果です。横軸は10年後の資産額、縦軸は、ヒストグラムの各階級の度数であり、10年後にその資産額になる確率の高さを表します。

　結果を比較すると、一括投資のほうが好ましい結果といえるでしょう。中央値は、一括投資は156万円、ドルコスト平均法は129万円になります。

　ドルコスト平均法のほうは、100万円を10年間投資できる機会があったにもかかわらず、市場に資金を投入するのを先送りしたのですから、中央値が劣るのは当然の結果と言えます。

　なお、元本割れする確率のほうも、一括投資が7.5％、ドルコスト平均法は9.5％となり、ドルコスト平均法のほうが元本割れする確率の観点でも劣ります。

　それでも「ドルコスト平均法には特別な効果があると習いました。時間分散でリスクが減るはずです」と言う方へ、では、Bのドルコスト平均法を、次のC「半分だけ一括投資」

と比較してみましょう。

- 投資方法
  - ドルコスト平均法（B）：毎年10万円ずつ10回に分けて投資
  - 半分だけ一括投資（C）：50万円を1年目に投資。残りの50万円は現金のまま

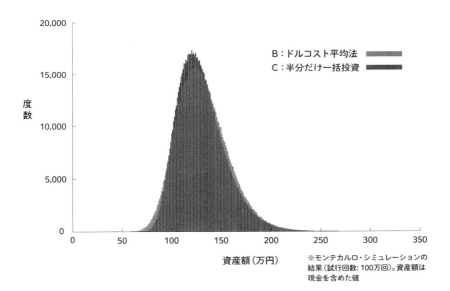

※モンテカルロ・シミュレーションの結果（試行回数：100万回）。資産額は現金を含めた値

　両者の見分けができないくらいに、ヒストグラムが重なっています。ドルコスト平均法と半分だけ一括投資、両者の違いはほとんどありません。ドルコスト平均法にはリスクを減らす特別な効果はないことがわかります。リスクを減らした資産運用をしたいのなら、ドルコスト平均法ではなく、適切な割合のリスク資産を最初から一括投資すればよいのです。

　ここまで、A、B、C、三つの方法を見てきました。「リス

ク資産の額」×「年数」の値はそれぞれ次のようになります。

- A　100万円×10年間＝1000［万円・年］
- B　50万円（10年間の平均）×10年間＝500［万円・年］
- C　50万円×10年間＝500［万円・年］

　Aが1000［万円・年］なのに対して、BとCのいずれも500［万円・年］です。BとCの将来起きうる結果がほぼ同じになったのはこのためです。

ドルコスト平均法に特別な効果は何もない

　曇りなき眼で公平に見れば、ドルコスト平均法に特別な効果は何もありません。時間分散という言葉に惑わされることなく、AあるいはCのように自分に合った適切な額を、時間をかけることなくすぐに一括投資しましょう。それが適切な資産配分を常に維持する最もよい方法です。

第3部 | Q & A

ドルコスト平均法はだめ なんでしょうか? 私は給料の中から毎月3万円積立 しているのですが

自信をもって積立を続けましょう

ドルコスト平均法は「積立」(continuous, automatic investment) とは違います。「積立」なら問題ありません。それは、1年に12回「一括投資」していることと同じです。給料が入ってからすぐに市場に資金を投入しています。

ドルコスト平均法は、一括で投資できるにもかかわらず、あえて市場に投入するタイミングを遅らせて分割しながら投資する方法です。

すべきことは「積立」と「適切な割合を一括で投資」です。自分に合った資産配分を維持しましょう。

column

ドルコスト平均法という用語

歴史的な紆余曲折により、ドルコスト平均法という用語は、毎月、給料から一括投資する「①積立投資」を指す場合と、「②一括で投資できるにもかかわらず、市場に投入するタイミングを遅らせて分割しながら一定額ずつ入れること」を指す場合の、二つの違う意味で用いられており、混乱のもとになっています。

混乱を避けるためにドルコスト平均法は後者のことだけを指し、前者は別の言葉を用いようという動きが英語圏ではあったそうですが、残念ながらその試みはうまくいっていないようです。

幸いなことに日本語では「積立」というわかりやすい言葉があります。特別な効果など何もない「ドルコスト平均法」という言葉は多くの誤解を生んでおり、百害あって一利もありません。ドルコスト平均法は忘れて、毎月「積立」しましょう。

第3部 | Q & A

ドルコスト平均法なら「株価が安いときに多く」株数を購入することができます。これってよいことでは?

口数・株数のトリックに騙されない

　　ドルコスト平均法の説明として、あたかも「株価が安いときは多く買える」ことがよいことであるかのような説明をよく目にするでしょう。

　　たしかに、例えば、現金1万円で株式を1万円分購入するとしたら、株価によって購入できる株数が変わります。

● A　株価が500円のときは20株
● B　株価が1,000円のときは10株

　　これで、Aのほうがよいと考える方、どうか冷静になってください。AもBもどちらも合計すれば同じ1万円分の価値です。たしかに、Aのほうが枚数は多いですが、枚数が多く買える理由は1株あたりの価値が小さいからです。株数だけで喜ぶのは早計です。

　　例えるなら、1万円札を両替するときに、

● A　500円玉20枚に両替
● B　1000円札10枚に両替

このように両替するとして、「Aのほうが枚数を多く買えた」

111

と喜んでいるようなものです。現金1万円で購入できる株は
いつだって、その売買の瞬間は合計1万円分の価値です。

　「でも株数が多いほうが、その後株価が値上がりしたとき
に多く利益が出るのでは?」

　と思った方、冷静になってください。仮にその後10%株
価が値上がりしたとしましょう。その際、

- A　$500 \times 1.1 \times 20 = 11{,}000$
- B　$1{,}000 \times 1.1 \times 10 = 11{,}000$

となりどちらも11,000円で結果は同じです。株数や口数に
とらわれないようにしましょう。

出口戦略/いつ売却すればよいのでしょうか？
いつ売却や利益確定すればよいのかわかりません

　投資してきたリスク資産を「いつ売却すればよいのか？」ということは、実はここまでの説明で済んでいます。

　第1部の「結論編」で、定期的に資産配分について見直しましょう、と説明しましたが、このことを思い出しましょう。資産配分の見直しとは、購入だけでなく売却も含んでいます。

　例えば、65歳まで現金：リスク資産＝50：50の比率で資産運用をしてきた人がいるとします。

現金	リスク資産
1,500万円	1,500万円

　収入はありませんので、年金と現金を使って生活しています。

　3年後には次のページのようになりました。現金は200万円減りましたが、資産運用は続けていますので、リスク資産は1,700万円に増加しました。

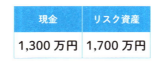

どうやら、バランスが悪くなっているようです。比率を50：50に戻すために、リスク資産を200万円分売却します。

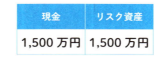

これで50：50になりました。

資産運用に出口はありません

　資産運用は一生続くものです。リスク資産を売却するのは、資産配分のバランスを保つためや現金が不足したときだけです。利益確定や損切りのために売却する必要はありません。

　大事なのは資産配分のバランスを保つことであり、購入も売却もそのための手段です。売却する時も、今までやってきたことと同じことを続けるだけです。

売却をもっと簡単に

　先ほどのような売却のパターンが続くのであれば、この作業を自動化してくれるサービスもあるようです（例えば、SBI証券：投資信託定期売却サービスなど）。

　これは予想ですが、将来は、銀行口座と連動した、さらに便利なサービスが登場するでしょう。例えば、銀行口座の残高が一定額を下回ると、事前に設定した金額分の投資信託を自動的に売却し、銀行口座に「現金をオートチャージ」するサービスなどです。個々のニーズに合わせた多彩なサービスを利用することで、売却にまつわるさまざまな負担が軽減されるでしょう。

NISAと特定口座、
どちらから売却したほうがよい?

　リスク資産を売却する際は、お得度が低い枠から先に売却しましょう。これは、第1部「結論編」で示した購入時とは逆の順番となります。原則として「お得度の高い枠での運用額をできるだけ大きくする」と覚えておきましょう。

　例えば、NISAと特定口座の両方で運用している場合は、先に特定口座のほうから売却しましょう。短期的には税金を支払うことになりますが、長期的な視点で見ると、非課税枠を最大限に活用するほうが全体としてのお得度が大きくなり、利益を最大化できます。

レバレッジ型商品はどうでしょうか?!

レバレッジ型商品とは

　多くの「普通の人」にとって、レバレッジの知識は必要ありません。NISA制度ではレバレッジ型商品は不適格とされ、購入できません。しかし、レバレッジについて知っておくことで、将来、安易に危険な投資に手を出すことを防ぐことができます。

　レバレッジ型商品は、通常の商品の日々の株価変動率に一定の倍率をかけて運用する商品です。例えば、「レバレッジ2倍の商品」は、日々の株価変動が通常の商品の2倍になります。

レバレッジ型商品が必要になるとき

　第1部「結論編」で示した資産分配を覚えていますか？　リスク資産の割合が100％のケースを見てみましょう。

　それでは、もっとリスクをとれる人、例えば資産が50％減るどころか80％減ることを許容できる人は、どうすればよいでしょうか？　すでに資金はすべてリスク資産に投じています。このような場合、より高いリスクをとるための選択肢の一つにレバレッジ型商品の購入が入ってくるのです。ただし、「普通の人」がこのような危険を冒してまで高いリ

ターンを求める必要が本当にあるかは、慎重に判断する必要があります。

レバレッジのコスト

レバレッジは通常のコストの他に金利コストがかかります。高いコストはリターンへの少なくない影響があります。それらを十分理解したうえで、特別な状況に置かれている一部の人を除いては、レバレッジは必要ないでしょう。

レバレッジはリボ払い?

レバレッジ2倍の商品を100％購入する場合の資産配分は「現金：レバレッジ2倍の商品＝0：100」です。これは通常の1倍の商品で考えた場合の「現金：通常の商品＝－100：200」に相当します。現金部分の「－100」は借金を表します。レバレッジは借金を100して商品を200買うのと同じ効果というわけです。レバレッジに金利コストがかかるのはこのためです。

別の例として、現金は7割残しておいて残りの3割でレバレッジ2倍の商品を買う場合（現金：2倍レバレッジ型商品＝70：30）を考えてみましょう。

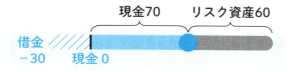

これは損な資産配分です。クレジットカードでの買い物に例えるなら、現金で一括で支払いできるにもかかわらずリボ払いをしているようなものです。レバレッジ2倍の商品を30％買うのであれば、通常の商品を60％買うほうがよいでしょう（現金：通常の商品＝40：60）。

このようにレバレッジは多くの場合必要ありません。現金とリスク資産の比率が0：100の資産配分よりも高いリスクをとりたい場合のみ、レバレッジが必要になります。

レバレッジのリスクが高いのは理解していますが私は耐える自信があります！「リスク許容度」は高いので、レバレッジをかけてもいいですか?

リターンはリスクに比例しない

「リスク許容度」という言葉は誤解を生みやすい言葉です。許容という言葉から耐えることができるかどうかというメンタルだけの問題だと想像してしまいます。しかし、前述の通り、リスクは実際のリターンに確実に影響を及ぼすものです。

重要な点として、レバレッジはかければかけるほどリターンが大きくなるという性質をもっていません。事実はその逆です。レバレッジ倍率を上げていくと途中からリターンが下がるという現象がおきます。ここにも「フリーランチ（ただのり）」は存在しないのです。

なぜそのような現象が起きるか、ここでは詳細は省いて結論を示します。詳しく知りたいという方は「幾何ブラウン運動」で調べてみてください。興味のある方のために、巻末付録④に簡単な説明をつけておきました。

レバレッジ倍率とリターンの中央値の関係は次ページのようになります。

[レバレッジ倍率とリターンの中央値]

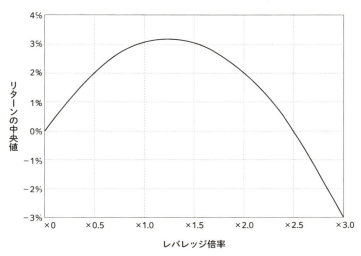

※μ＝5％、σ＝20％の場合。詳しくは巻末付録④で説明しています。

　グラフの横軸はレバレッジ倍率、縦軸はリターンの中央値です。レバレッジ倍率を大きくすると、リターンの中央値はレバレッジ倍率1倍まではほぼ線形に増えていきます。しかしそれを過ぎるとリターンがあまり増えなくなります。つまり、ある一定のリスクまでは「リターンとリスクは比例する」と言えます。途中からはむしろ逆にリターンが下がっていき、3倍までいくとリターンはプラスどころかむしろマイナス、つまり資産が減ることになります。

　このような性質があるため、例えば「FXで50倍」のような極端なレバレッジ倍率は破産する確率が時間とともに100％に近づきます。世の中には、「レバレッジ50倍をかけてFXで大儲けしました」「資産が少ないなら信用取引をしましょう。信用取引は危ないイメージがありますが、どんな手法も使い方次第です」といった甘い誘惑がたくさん存在

します。しかし、これらの声には絶対に耳を貸してはいけません。

　株式におけるレバレッジ型商品も同じです。レバレッジ倍率を大きくしすぎるとリターンが上がるどころか逆に下がります。レバレッジに付随する金利コストを払ってまでリスクをとっているのに、逆にリターンが下がるというふんだりけったりな状態になってしまいます。

第3部 Q & A

column

過去の成績がよかったサイコロに
レバレッジをかける危険性

　巻末付録④を見た人は、次のようなことを思うかもしれません。

　「もっとよい商品、つまりリスクが低くリターンが高い商品ならレバレッジをかけても問題ないのでは？」

　そう思うのも無理はありません。レバレッジ型商品の広告では「レバレッジをかけた場合の過去のシミュレーション結果」を掲載しており、その結果は"素晴らしいもの"です。

　しかし、サイコロの例を思い出してください（P81）。数多くのサイコロの中からは、過去10年間、出た目の平均が5以上の"素晴らしい"サイコロはいくつか見つかります。そのサイコロを使用したレバレッジ型商品が新規に販売されるでしょう。

　過去の好成績にひかれて、そのレバレッジ型商品を買ってしまうかもしれません。平均が5以上のサイコロにはレバレッジをかける価値があるからです。しかし、そのサイコロの今後の平均が3.5程度に戻ってしまうとどうなるでしょう？「買うんじゃなかった。こんなはずではなかった」となるのです。

私はインデックス投資で資産を増やしリタイア後には高配当株に乗り換えて配当金生活を送る予定です。この戦略はどうでしょうか?

やめたほうがいいでしょう。投資効率が落ちます。いろいろな面で相当落ちます。インデックス投資と比較して、高配当株は一般に投資効率が低く、リタイア後にわざわざ乗り換える合理的な理由はありません。

リタイア後に定期的に現金が必要になるのであれば、自分で投資信託を売却、あるいは先ほど述べたような証券会社の売却サービスを利用すればよいでしょう。それが配当の代わりになると考えるほうが筋がよいです。

配当の場合は、配当額に対して税金が約20%かかりますが、自分で投資信託の一部を売却した場合は、税金は売却金額に対してではなく、譲渡益に対してかかります。同じ現金を手にする場合でも、税金の支払い額は少なくなります。課税の繰り延べ効果の観点で、売却のほうが配当よりも有利です。

何よりリタイア後に一度に投資信託を売却して高配当株に乗り換える場合、そのタイミングでこれまでの譲渡益に対する税金を一度に支払わないといけません。運用額を大幅に減らすことになります。

第3部 | Q & A

それでも配当がもらえるって
嬉しいじゃないですか！

　嬉しさの代わりに何が犠牲になっているかを冷静に考えてみてもよいかもしれません。配当は資産運用の効率を下げます。長期投資になればなるほど効率の低さは顕著になります。高配当株を選ぶことは「給料は銀行振込で20万円振り込まれるよりも、現金で19万9000円直接手渡しされるほうが嬉しいです！」という発想と同じです。

配当が投資効率に与える悪影響

　効率の違いがどれほどの差を生むのか計算してみましょう。商品が二つあるとします。公平に比較するためどちらもトータルリターンは5％とします。

　ただし、一方は、

● A　リターンの5％分すべてを配当として出すいわゆる高
　　配当株

　もう一方は、

● B　インデックスファンドであり分配金は一切出ない

とします。

　なお、配当は税金約20％分を除いてすべて再投資するとします。NISAではなく特定口座で投資を行います。

125

この条件で、100万円を60年間運用するとしましょう。その結果、税引き後の資産額は前者の高配当株の配当再投資の場合は、

● A　1,052万円

　後者の無分配のインデックスファンドの場合は、

● B　1,514万円

このようになります。資産額として50%近い差が生まれます。

　これは課税の繰り延べ効果が、資産運用においていかに長期で有利に働くかというよい例です。第1部「結論編」で述べた所得控除のあるiDeCoのお得度が高い理由もここにあります。

　なお、たとえ無分配の投資信託の場合でも、毎年、投資信託を売却して、新たに買い直す行為を繰り返してしまうと、Aと同じになります。不必要な売買はしないようにしましょう。

　NISAのような非課税口座で運用する際は、AとBのような差は生まれません。しかし、配当はNISAのような非課税枠の上限がある制度と相性が悪いという別の問題があります。配当を再投資する際は、その分NISAの枠を消費するのに対して、分配金がでない投資信託の場合は、利益は含み益として評価額に組み込まれます。含み益はNISAの枠を消費しないため、NISAの限度額よりも大きな額をNISA枠で運用できます。

　どちらにせよ資産運用にあたって、高配当株によいことは

126

ありません。配当再投資とは、例えるなら、「銀行口座から手数料を払って ATM でお金を引き出し、そして引き出したお金をすぐに ATM で入金している」ようなものです。ほんのわずかな差も、資産運用という複利の世界では長期で大きな差がつく要因になります。

その他のよくある質問について

　ここでは、その他のよくある質問について答えていきます。少しでもみなさんの疑問が晴れれば幸いです。

積立は毎日と毎月どちらがよいですか?

　資産運用の期間が例えば3ヶ月などの短い期間なら、両者には違いがありますが、期間が3年以上であれば、どちらも変わりません。普通は給料は毎月1回振り込まれるので、毎月積立のほうが自然です。

毎月の積立は、いつがいいですか?
他の人と同じ日は避けたほうがいいですか?

　積立日はいつでもいいです。

NISAは年初にまとめて投資するべきですか、それとも毎月積立がいいですか?

　資産運用の期間が例えば3年という短い期間なら、両者には違いがありますが、30年などの長い期間であれば、どちらも変わりません。

　なお、毎年、特定の時期にまとめて一括投資することは、1年の間でスライダーバーの位置が大きくずれている期間が長くなる要因です。それでも運用期間が30年など十分長い

第 3 部　Q & A

なら、毎月 1 回の調整も、毎年 1 回の調整もほぼ違いはありません。

同じような投資信託を複数持っているより、まとめて一つの商品に変えたほうが複利効果が分散されずよいと思うのですが、どうでしょうか?

どちらも同じです。分配法則に基づけば、(A × C + B × C) = (A + B) × C であり、効果は同じです。すでに同じような複数の投資信託を保有しているのなら、そのままで大丈夫です。

含み益は利益を確定して、再投資しないと、複利にならないと聞きました

誤解があるようです。現在の評価額を元本と含み益を足したもの（評価額＝元本＋含み益）とするならば、元本と含み益は個人の税金計算に用いられますが、投資信託内部では特に区別されておらず、どちらも株式として保有されています。利益確定して再投資する必要はありません。それは株式を売却して同じ株式を買い直すようなものです。

含み益は幻なので、利益は定期的に確定したほうがよいのでは?

誤解があるようです。評価額はすでに確定している現実の数字であり、評価額によって決まる含み益も現実の数字です。幻ではありません。必要がないのに利益確定する必

129

要はありません。余談ですが、昔の人々は、リアル現金こそが現実であり、銀行の残高の数字はATMで引き出すまでは幻だと思っていたそうです。

含み損は幻なので、含み損がなくなるまで売却しないほうがよいのでは?

誤解があるようです。評価額は現実であり、評価額によって決まる含み損も現実です。過去は過去です。すでに「確定している」現実を見つめましょう。必要があるのに、売却をためらってはいけません。

○○も長期投資ではなく短期投資なら問題ないのでは?

「長期には向いていないが、短期には向いている」という謳い文句は、不適切な商品や方法の言い訳として使われることが多いようです。長期でだめなものは、短期でもだめですし、長期でよいものは、短期でもよいです。商品を「長期向け、短期向け」と分けるのではなく、「良い商品、悪い商品」と分けましょう。あらゆる投資期間において、買うべき商品は良い商品です。

インデックスファンドの価格がゼロになることはないのでしょうか?

インデックスファンドの価格がゼロになるのは、市場全体の価値がゼロになるときです。それは資本主義や貨幣経済が崩壊、現金でさえ意味がなくなっている世界です。いわ

ゆる、『北斗の拳』のような「ヒャッハーな世界」、物々交換な世界になっているでしょう。そのような事態は心配しても仕方ありません。心配するのであれば、むしろ北斗神拳を今のうちから身につけてそのような事態に備えておくべきです。

オルカン等の全世界株式ポートフォリオは米国株が約6割*を占めています。分散されていないように思うのですが?

　人間の体の約6割は水分です。割合を個人の判断で無理に変えようとせず、自然にまかせるのが一番です。

*本書執筆時点での割合です。割合は時価総額によって変わります。

資産運用ってもっと一攫千金の夢があるものだと思っていました!

　残念ながら、そんなものはありません。何事においてもフリーランチは存在しません。われわれ「普通の人」が時間を使うことなく理想的な点数をとれるだけで十分ありがたい話です。

　市場平均を目指すことで必要十分であり、さらに市場平均のおおよそのリターンを理解しておくことは、投資詐欺から身を守るためにも役に立ちます。

　本書のタイトルに99点とつけたのは、例えば、平均点というイメージで70点などとすると「70点ではなく、もっと高い点数、80点や90点をとれる方法が他にあるのではないか?」と読者に思わせてしまうのはよくないと思ったからでした。SNSなどでは投資詐欺が蔓延しています。市場平均

が理想的な99点であると理解しておくことで、月利10％のようなありえないリターンで誘惑してくる投資詐欺や高額商材に騙されることはなくなるでしょう。

SNS等では「インデックス投資は思考停止。成長しない。毎日、投資に真剣に向き合うべき」という声があります！

　以下は投資とは関係ない話ですが、参考になれば幸いです。

　全自動洗濯機が登場したとき、これまで洗濯板で洗濯をしていた人たちは「全自動洗濯機は思考停止。自分で洗濯しないと人は成長しない」と全自動洗濯機を利用して楽をする人たちに苦言を呈していたようです。

　いつの時代でも、自分たちが苦労してきた分野に新しい技術が登場すると、その技術を利用して楽をする人たちに対して思わず苦言を呈してしまいたくなるものです。

- 「洗濯は洗濯機で楽ができるほど甘い世界ではない。日々の努力が物を言う世界」
- 「最初から洗濯機ではなく、まずは洗濯板で洗濯したほうがいい。そこで得た知識やセンスは現代のビジネスパーソンにとって仕事にも役に立つ」
- 「洗濯機の欠点は暇であるということ。人は洗濯機の退屈さに耐えられない」
- 「洗濯機で洗濯すると"洗濯機以上"にキレイにならない。洗濯板なら洗濯機以上のキレイさが狙える」

　もちろんどのような洗濯も個人の趣味でやる分には何の

第 3 部 | Q & A

問題もありません。

　ただし洗濯が趣味ではない「普通の人」が洗濯機を使っていることに対して、「洗濯機は思考停止」と批判してくる人が周りにいても、それらの人たちのことは温かい目で見守ってあげましょう。実際のところ洗濯機のほうがキレイにしてくれるのですから。

133

この本を書いたのは、一介のソフトウェアエンジニアです。資産運用に関する本を書くのは、本書が最初で最後になるでしょう。多くの人が資産運用の正しい方法を学び、人生のプラスとなる助けになれば嬉しい限りです。

　資産運用は、眠っている資金を市場に送り出し、必要とする人に適切に届ける行為です。企業の株を購入することは、その企業の成長を支えることにもなります。また、資産を増やすことは、使えるお金を増やすことです。増えたお金は必要に応じてどんどん好きなものに使っていきましょう。個人にとっても、企業にとっても、経済にとっても、社会にとっても、Win-Winの関係を築けるプラスのゲームです。

　私がこの本で伝えたかったのは、誰でも簡単に実践できる資産運用の方法と、その考え方です。投資の世界は難しいと感じるかもしれませんが、本書を通じて、そのハードルを少しでも低く感じてもらえたら幸いです。
　この本が、投資を始めるきっかけや、資産運用の新たな視点を与えられるものでありますように。

（ 99点の方法を 実践するための ） 20箇条

1 ｜ 市場平均は平均ではなく最強

購入すべきは、時価総額加重平均に基づくインデックスファンドのみ。市場平均に長期で勝つのはぼ不可能。

2 ｜ お得な制度を活用

iDeCo、NISA、特定口座の順に有利な制度を活用する。iDeCoは資金拘束があるため、許容範囲で拠出する。

3 ｜ 市場の効率性を享受する

株式市場は効率的であり、株価は常に適正価格。個別に株価を分析する必要はなく、市場に任せておく。

4 ｜ マーケットタイミングを計らない

株価はランダムウォークしており、予測は不可能。株価のチャートを見ても投資の成績は上がらない。

5 ｜ 情報に惑わされない

経済ニュースに踊らされない。自分だけが市場を出し抜ける特別な情報を持っていると考えない。

6 | 常に1位になる方法は存在しない

リスク資産に投資する以上、毎年成績が1位になる方法は存在しない。リターンにはブレがあり、過去数年のリターンが良い商品は常に変化する。ただしそれがよい商品とは限らない。

7 | 長期投資で複利効果を最大化する

短期的なノイズに惑わされず、長期的な視点で投資を継続する。長期投資はリスクを減らすためではなく、複利効果を最大限に活用するため。

8 | 投資効率を重視する

同じリスク水準ならリターンが高いほうが有利。投資効率（シャープレシオ）を下げる個別株や高配当投資などは避ける。

9 | 分散投資は投資効率向上の手段

分散投資はリスク低減ではなく、投資効率向上のため。無闇に商品数を増やして投資効率を落とさない。

10 | リターンとリスクはリスク資産の割合で調整

投資効率を保ちながら、リターンとリスクを調整する。

11 | 安全資産とリスク資産の適切な配分

リスク許容度に応じて、現金とリスク資産の比率を適切に調整する。これが資産運用のほぼすべて。

12 | 時間分散の罠に注意

ドルコスト平均法は、投資機会を逃し、資産配分（アセットアロケーション）を歪める可能性がある。適切な割合の一括投資を行う。

13 | 「口数・株数」に惑わされない

株価が安いときに多く買えること自体には意味がない。重要なのは口数・株数ではなく評価額。

14 | 「積立」の効果を理解する

「積立」は資産配分のバランスを自動的に調整する手段。資産運用で自動化できる部分は自動化する。

15 | 投資は節約ではない

必要があればリスク資産を売却して現金化することを躊躇しない。その際、含み益や含み損は気にしない。

16 | 意味のない売却をしない

売却するのは、現金が不足したときや資産配分を調整するときのみ。利益確定や損切りのために売却しない。売却も自動化できるなら自動化する。

17 | レバレッジの安易な利用は避ける

レバレッジはリターンとリスクのバランスを大きく変える可能性がある。理解するまではレバレッジには手を出さない。理解しても手を出さない。

99点の方法を実践するための20箇条

18 | 投資詐欺に騙されない

「年利10％保証」「元本の安全性が高い」などの甘い言葉に騙されない。リスクは必ず存在する。同じリスク水準において市場平均以上のリターンを実現できる方法はないことを理解する。

19 | 資産運用はシンプルに

インデックスファンドへの長期投資というシンプルな方法で99点を目指す。複雑な金融商品や投資戦略に手を出す必要はない。手を出すと逆に点数が落ちる。

20 | 資産運用していることを忘れる

ここまでの19箇条を理解したあとは資産運用していることを忘れること。ただし定期的な資産配分の見直しは忘れずに。

巻末付録

付録 ①

iDeCo、NISA、特定口座の「お得度」の計算例

　本編で述べているように、iDeCoのお得度はさまざまな条件によって異なってきます。ここでの計算例はあくまで参考のための一例だということにご注意ください。実際は読者が自分の状況に合わせてパラメータを変化させて計算できるとよいでしょう。

　計算の過程がわかるように、以下に実際に計算するプログラムの例をつけています。興味のある人はご覧ください。この例の場合は、給与所得から投資に回した2万円をそれぞれiDeCo、NISA、特定口座で40年間運用した場合、税引き後に手元に残るお金はそれぞれ以下になります。

- iDeCo：12.8万円
- NISA：9.9万円
- 特定口座：8.2万円

プログラム例

https://play.rust-lang.org/?version=stable&mode=debug&edition=2021&gist=33527d4f3e0188c950ec4a3ae99fbc8f

```
fn main() {
    // 運用年数は40年とする
    let 運用年数 = 40;

    // 運用期間中の幾何平均リターンは5%と仮定
    let リターン = 1.05_f64;

    // 給与所得から投資に回す金額は2万円とする。iDeCoの場合は2万円
    // そのまま投資できるのに対して、それ以外の場合は、所得税等が
    // 引かれたあとの金額が投資額になることに注意。
    let 投資額 = 2.0;

    // 所得税と住民税の合計は30%と仮定する
    let 所得税率 = 0.30;

    // 利益にかかる税金は分離課税で20%とする
    let 税率 = 0.20;
```

```
    // iDeCo の場合:
    //
    // 40年後の評価額
    let 評価額 = 投資額 * リターン.powi(運用年数);
    // 課税退職所得: ここでは評価額の3割と仮定。
    let 課税退職所得 = 評価額 * 0.3;
    // 受取時にかかる税金。税率は30%と仮定。
    let 税金 = 課税退職所得 * 0.3;
    let 税引き後 = 評価額 - 税金;
    println!("iDeCo: {:.1}", 税引き後);

    // NISAの場合:
    let 取得価額 = 投資額 * (1.0 - 所得税率);
    let 評価額 = 取得価額 * リターン.powi(運用年数);
    println!("NISA: {:.1}", 評価額);

    // 特定口座の場合:
    let 譲渡益 = 評価額 - 取得価額;
    let 税金 = 譲渡益 * 税率;
    let 税引き後 = 評価額 - 税金;
    println!("特定口座: {:.1}", 税引き後);
}
```

付録 ②

リターンの中央値の計算方法

　本編のグラフは、株価は「幾何ブラウン運動」に従い、その変動は対数正規分布になるという標準的なモデルに基づいて描きました。この場合、リターンの中央値はどのようになるのか、概要をここで述べておきます。

リターンを r（1.0 ベース）、リスクを s とした場合、以下の m の値：

$$m = \ln r - \ln((s/r)^2 + 1)/2$$

中央値のよさを表すと考えればよいでしょう。この m は大きれば大きいほどよいです。

例: リターン 5%、リスク 5% の場合:

$$m = \ln 1.05 - \ln((0.05/1.05)^2 + 1)/2 \approx 0.048$$

例: リターン 5%、リスク 20% の場合:

$$m = \ln 1.05 - \ln((0.20/1.05)^2 + 1)/2 \approx 0.031$$

・m がプラスであれば、資産運用の年数が経つにつれて、中央値は増加していきます。
・m がマイナスであれば、資産運用の年数が経つにつれて、中央値は減少していきます（0 に近づいていきます）。

　リターンが プラス、つまり r が 1.0 より大きくても、リスクが大きい場合は、m がマイナスになることがあります。これ

は中央値の観点ではマイナスサムのゲームと考えるべきであり、そのような商品は決して購入してはいけません。

付録 ③

「長期投資すると1年あたりのリスクは減る」の誤解

「1年でのリスク σ」と「n 年でのリスク $\sqrt{n}\,\sigma$」はどちらも標準偏差であり、その単位は元のデータと同じ［円］（日本の通貨）です。一方、「n 年でのリスクを n 年で割った値」の単位は［円/年］です。これは標準偏差とは単位が異なり、これを"1年でのリスク"と比較して、値が小さくなったと論じるのは、距離を時間で割った速さを、元の距離と比較して、距離が短くなったと言うようなものです。

なお、「n 年でのリスクを n 年で割った値」が元のリスクの値 σ より小さくなるのは、リスクの定義として、分散 σ^2 ではなく、標準偏差 σ を使用しているのが、その理由です。仮にリスクの定義を標準偏差 σ ではなく分散 σ^2 にすると、n 年でのリスクは $n\sigma^2$、それを n で割った値は σ^2 となり、1年でのリスク σ^2 と（単位を無視すれば）値は一致します。

付録 ④

レバレッジがリターンの中央値にもたらす影響

本編で述べたレバレッジとリターンの中央値の関係は以下のように導けます。

時刻 t における ある商品の価格 S_t が「幾何ブラウン運動」に従うというモデル：

$$dS_t = \mu S_t\, dt + \sigma S_t dB_t$$

において、レバレッジを L 倍かけたとします。

$$dS_t = L\mu S_t\, dt + L\sigma S_t\, dB_t$$

その結果、時刻 t における価格の中央値 M_t は、

$$M_t = S_0 \exp\left(\left(L\mu - \frac{L^2\sigma^2}{2}\right)t\right)$$

になります。

μ、σ を定数、L を変数とした場合、M_t のうち、L によって変化する部分は次の式で表されます。

$$L\mu - \frac{L^2\sigma^2}{2}$$

これはみなさんが中学生のときに学習したおなじみの「上に凸」な二次関数です。本編のグラフの形はここから来ています。

この二次関数は、

$$L = \frac{\mu}{\sigma^2}$$

のときに最大値をとります。

参考文献

第1部

1. Two-Fund Separation Theorem and Applications, https://www.coursera.org/lecture/investments-fundamentals/two-fund-separation-theorem-and-applications-YCWAX
2. Two-fund separation - Individual decision, https://www.coursera.org/lecture/portfolio-risk-management/two-fund-separation-individual-decision-3r6LZ

第2部

1. チャールズ・エリス、『敗者のゲーム』（原著第6版）
2. Markowitz, H. (1952) Portfolio Selection
3. Two-fund separation - Market level, https://www.coursera.org/lecture/portfolio-risk-management/two-fund-separation-market-level-Y0Pag
4. Capital market equilibrium - The Capital Asset Pricing Model, https://www.coursera.org/lecture/portfolio-risk-management/capital-market-equilibrium-the-capital-asset-pricing-model-xftSO

5. Lognormal property of stock prices assumed by Black-Scholes (FRM T4-10), https://www.youtube.com/watch?v=K6SMfAnrIMg
6. Why Lognormal Distribution is Used to Describe Stock Prices, https://financetrain.com/why-lognormal-distribution-is-used-to-describe-stock-prices/
7. Currency risk - Risk, https://www.coursera.org/lecture/portfolio-risk-management/currency-risk-risk-ZS5ly

第3部

1. Dollar cost averaging, https://en.wikipedia.org/wiki/Dollar_cost_averaging
2. Geometric Brownian motion, https://en.wikipedia.org/wiki/Geometric_Brownian_motion
3. On the risk-return profile of leveraged and inverse ETFs, Journal of Asset Management (2010)
4. いもす金融理論, https://imoz.jp/note/finance.html

Profile

Hayato Ito

ソフトウェアエンジニア。2020年にエンジニア視点で正しい資産運用に対する見方を広め、誰もが簡単に実践できる具体的な方法を解説した記事「普通の人が資産運用で99点をとる方法とその考え方」がSNS等で瞬く間に話題となり、通算300万PVを達成。その年の「はてなブックマークサービス」でも日本で最もブックマークされた記事となる。今回、初の書籍化。

普通の人が資産運用で
99点をとる方法とその考え方

2024年 9月17日 第1版　第1刷発行
2024年11月19日 第1版　第3刷発行

著　者　**Hayato Ito**

発行者　中川ヒロミ
発　行　株式会社日経BP
発　売　株式会社日経BPマーケティング
　　　　〒105-8308　東京都港区虎ノ門4-3-12
　　　　https://bookplus.nikkei.com

デザイン　フロッグキングスタジオ
ＤＴＰ　　有限会社マーリンクレイン
校　正　　株式会社ヴェリタ
印刷・製本　シナノ印刷株式会社

本書の無断複写・複製（コピー等）は、著作権法上の例外を除き、禁じられています。
購入者以外の第三者による電子データ化及び電子書籍化は、
私的使用を含め一切認められておりません。

本書籍に関するお問い合わせ、ご連絡は下記にて承ります。
https://nkbp.jp/booksQA

ISBN978-4-296-00182-8　Printed in Japan
© Hayato Ito, 2024